Brigitte Ekert

Montessori
au fil des saisons

70 activités pas-à-pas

EYROLLES

SOMMAIRE

p 54 L'HIVER

p 96 LE PRINTEMPS

Éditions Eyrolles
61, bd Saint-Germain
75240 Paris Cedex 05
www.editions-eyrolles.com

ISBN : 978-2-212-56351-1

Crédits photographiques :
Brigitte Ekert
Illustrations : **Mélisande Luthringer**
Conception graphique :
Julie Charvet

À mon fils Alexandre pour tout le bonheur qu'il me donne.
À ma petite famille pour son soutien indéfectible.

AVANT-PROPOS

Comment sont nés ces ateliers

Quelques années après ma formation d'éducatrice pour les enfants de 3 à 6 ans au sein de l'Institut supérieur Maria-Montessori, j'ai commencé à proposer aux enfants des jeux exploratoires autour du langage et du graphisme. C'est en effet pour faire face à la curiosité inextinguible de mes petits élèves que j'ai imaginé mettre à leur disposition des approfondissements, profitant des opportunités sensorielles qu'offre la Nature.

Le « matériel Montessori » a cette particularité d'aborder les difficultés de façon progressive. C'est-à-dire une activité spécifique pour une compétence particulière à acquérir (plier du papier par exemple, p. 72 et p. 74, ou utiliser des ciseaux, p. 68). Après une présentation méthodique, ces activités sont laissées à la disposition de l'enfant afin qu'il puisse s'exercer aussi souvent qu'il le désire.

Les jeux exploratoires qui sont l'objet de ce livre proposent un prolongement de la présentation initiale et offrent à l'enfant la possibilité de transposer en s'amusant des connaissances fraîchement acquises. Une occasion supplémentaire de valoriser ses savoir-faire et de développer sa confiance en lui, prémices à l'estime de soi.

Par exemple, lorsque l'enfant reconnaît la forme ronde et commence à bien la distinguer parmi d'autres formes géométriques simples, on peut proposer d'aller « sur la piste des ronds » (p. 118) afin de découvrir et de se laisser surprendre par la multitude de ronds qui nous entourent.

Conçus autour d'un triple objectif – approfondir ses connaissances, perfectionner ses habiletés sensorielles et motrices, développer son imaginaire et sa créativité –, ces ateliers ludiques sont toujours très centrés sur le quotidien de l'enfant. Les réalisations graphiques ou plastiques font appel, le plus souvent possible, à une expérimentation préalable dans la vie quotidienne.

Vous trouverez dans cet ouvrage un florilège des ateliers proposés, jamais imposés, qui ont rencontré un vif succès auprès des enfants, tant en termes de plaisir manifesté que de progrès réalisés.

INTRODUCTION

Ce livre propose des activités d'éveil pour les enfants de 3 à 6 ans. Elles ne nécessitent aucune connaissance technique particulière et s'inscrivent dans la démarche philosophique de Maria Montessori. Ainsi, on ne s'attache pas ici à la performance esthétique des réalisations, mais au cheminement qui les rend possibles.
Au fil de l'année et des opportunités festives, vous accompagnerez progressivement votre enfant dans le développement de ses habilités perceptives, motrices et intellectuelles tout en stimulant son imagination.
Au travers du cycle des saisons et des expériences sensorielles vécues, vous lui permettrez d'associer des représentations mentales concrètes qui l'aideront à mieux se repérer.
En matérialisant ainsi le temps dans l'espace, vous amènerez votre enfant à prendre conscience de la notion de succession («d'abord, ensuite, après») et contribuerez à l'organisation logique de sa pensée. Vous participerez aussi à l'élaboration de sa capacité d'anticipation, nécessaire à sa sécurité intérieure.

Périodes sensibles

Au cours de ses observations attentives, le docteur Maria Montessori découvre que l'enfant a, lors de sa croissance et de façon temporaire, des dispositions spécifiques facilitant l'acquisition de certaines connaissances.
Ces «périodes sensibles» varient en fonction de l'âge mais sont communes à chaque enfant quels que soient sa culture ou son pays d'origine. Elles lui permettent d'être spontanément attiré par des activités qui le construisent aussi bien intellectuellement, physiquement, socialement que psychiquement.
Entre 3 et 6 ans l'esprit de l'enfant est particulièrement réceptif, «*capable d'une extraordinaire concentration et prêt à tout absorber comme les éponges absorbent l'eau*[1] ». S'il bénéficie à ces moments-là d'un environnement adapté, les apprentissages se feront naturellement, avec une grande aisance et une incroyable clarté.
C'est pourquoi Maria Montessori accorde une importance primordiale à « l'ambiance » au sens large, persuadée que «*la fonction du milieu n'est pas de former l'enfant mais de lui permettre de se révéler*[2] ».
L'enfant de 3 à 6 ans traverse cinq périodes sensibles qui se manifestent par des besoins irrépressibles de mouvement (motricité fine et globale), de langage (échanges verbaux, enrichissement

1. *L'Esprit absorbant,* Maria Montessori, Éditions Desclée de Brouwer.
2. *L'Enfant,* Maria Montessori, Éditions Desclée de Brouwer.

du vocabulaire), d'ordre (tri, classement), de développement social (interagir avec l'autre, découvrir les codes) tout en s'appuyant sur ses perceptions sensorielles.
Les pages qui suivent vous proposent de nourrir ces centres d'intérêt au rythme des saisons et des expérimentations possibles. Par le biais d'ateliers concrets, vous amènerez votre enfant à développer son autonomie et son imagination, et vous lui permettrez de mieux comprendre le monde qui l'entoure.
Ces activités doivent être avant tout de vrais moments de complicité et de plaisir partagé où « l'envie de faire » supplante largement « le devoir de faire », un point de départ, une incitation à créer par lui-même en explorant par lui-même.
Rappelez-vous qu'il est nécessaire « *de nourrir, d'aider, d'observer, d'encourager, de guider, d'inciter, et non pas de se mêler, d'ordonner ou d'interdire*[3] » pour grandir en confiance.
En devenant plus conscient de la signification des besoins exprimés par votre enfant et des enjeux qu'ils recouvrent, vous serez alors plus à même de privilégier, dans un état d'esprit adéquat, des activités favorables au développement de ses potentialités.
Par cette démarche, vous ferez vôtre l'intime conviction de Maria Montessori selon laquelle l'éducation doit être conçue comme une aide à la vie.

3. Préface du professeur Henry W. Holmes à *Scientific pedagogy as applier to child education in « the children houses »*. Éditions N.Y Frederick A.Stokes Compagny.

MARIA MONTESSORI

Une femme hors du commun

Maria Montessori (1870-1952) fut la figure de proue de « l'éducation nouvelle ». Ce courant pédagogique du XXe siècle estimait que « *l'enfant n'est pas un vase que l'on remplit, mais un feu qu'on allume*[4] ». Docteur en médecine, diplômée en psychologie et en philosophie, professeur à l'Institut pédagogique de l'université de Rome, Maria Montessori travaille une dizaine d'années auprès d'enfants souffrant de déficiences intellectuelles avant d'ouvrir une école d'état d'orthophrénie (art de bien diriger les facultés intellectuelles) et s'intéresse plus particulièrement aux enfants d'âge préscolaire. Au cours de ces années, elle réalise des observations rigoureuses, cherche à comprendre le sens des activités spontanées de l'enfant et prend conscience qu'elles sont régies par des besoins psychiques fondamentaux nécessaires à sa construction. Dès lors, elle conçoit du matériel adapté, élabore une méthode fondée sur le respect du rythme de l'enfant et l'aide au développement de ses potentialités.

En 1907, elle inaugure sa première Maison des enfants (*Casa dei bambini*), une classe regroupant des enfants de 3 à 6 ans dans un quartier populaire de Rome. Étant donné les résultats impressionnants qu'elle obtient, d'autres Maisons des enfants voient le jour dès l'année suivante, en Italie d'abord puis en Europe et aux États-Unis. Maria Montessori forme alors un grand nombre d'éducateurs et dans ses stages se côtoient jusqu'à 40 nationalités différentes. Elle fonde en 1929 l'Association Montessori Internationale, garante de ses principes et de ses pratiques pédagogiques. Elle écrit parallèlement de nombreux livres, dont *L'Enfant*, *L'Esprit absorbant de l'enfant*, *La Pédagogie scientifique* et *L'éducation et la paix*[5]. C'est pour la rédaction de ce dernier ouvrage qu'elle sera nommée trois fois pour recevoir le prix Nobel de la paix.

Si les récentes recherches en sciences de l'éducation et en neurosciences confortent la pertinence de cette approche, l'héritage de Maria Montessori est considérable dans notre quotidien et dans nos classes traditionnelles, publiques ou privées. Elle est notamment à l'origine de la séparation du bureau et de la chaise, de l'adaptation du matériel pédagogique à la taille et à la force de l'enfant, de l'organisation de « l'espace classe » en activités repérées...

Avec actuellement près de 22 000 écoles sur les six continents rattachées à l'Association Montessori Internationale, ses propositions éducatives ont convaincu tant par leur essence que par leurs résultats.

4. *Essais,* Montaigne, Folio.
5. Tous ces livres sont parus aux Éditions Desclée de Brouwer.

QUELQUES CONSEILS POUR BIEN UTILISER CE LIVRE

Comment sont conçues les fiches d'activités ?

Les fiches d'activités s'appuient sur les opportunités sensorielles qu'un enfant peut rencontrer au fil des saisons.

Elles comprennent une première partie composée d'un titre, d'un lien de pertinence avec le matériel Montessori – **vous pouvez vous reporter au lexique en fin d'ouvrage pour mieux les comprendre** –, la photo de la réalisation proposée, l'objectif recherché, les matériaux utilisés ainsi que les principales compétences sollicitées sous le terme de « Points forts ».

Elles comprennent aussi une seconde partie composée de trois séquences distinctes : la présentation de l'activité correspondant généralement à une exploration concrète, le déroulé de la réalisation à proprement parler avec le descriptif des différentes étapes ainsi que des pistes pour approfondir ses connaissances dans le domaine proposé (« Remarque »).

Où trouver les gabarits ?

La plupart des ateliers proposés peuvent être réalisés à partir de gabarits trouvés facilement sur Internet (tapez le sujet de votre recherche accompagné du mot « dessin » dans la partie « images »). Quelques-uns nécessitent cependant un modèle particulier qu'il vous sera facile de prendre en fin d'ouvrage.

Tous les ateliers sont-ils réalisables à partir de 3 ans ?

L'âge n'est volontairement pas spécifié car les aptitudes varient d'un enfant à l'autre. Cette indication pourrait vous freiner alors que l'enfant est prêt, ou vous inquiéter s'il ne l'était pas encore. Dans tous les cas il y a au moins une partie réalisable par les plus jeunes, dès 3 ans. Faire ensemble peut être aussi l'occasion d'apprendre la collaboration, de valoriser chaque étape au service d'un projet commun. Dans les classes Montessori, les enfants de 3 à 6 ans sont mélangés et l'entraide est privilégiée. Pour les plus grands (à partir de 4 et 5 ans), n'hésitez pas à sélectionner à l'intérieur de la saison dans laquelle vous vous trouvez les ateliers qui répondent à leurs centres d'intérêt et explorez largement la rubrique « Remarque ».

Pourquoi du yoga dans ce livre ? (p. 49, p. 92, p. 124, p. 162)

Le yoga harmonise le corps et l'esprit. Il fait partie de l'Ayurveda, une médecine traditionnelle indienne.
À travers des postures et des respirations, l'enfant développe en s'amusant sa conscience corporelle, sa force musculaire, sa souplesse, son équilibre et sa concentration.
Maria Montessori a vécu de nombreuses années en Inde et y a rencontré Gandhi, Nehru et Rabindranath Tagore. Elle a toujours pris en compte la globalité de l'être humain, sans dissocier ni privilégier un domaine de compétence particulier. Persuadée de leur complémentarité bien avant les preuves scientifiques dont nous disposons aujourd'hui, elle affirmait que « *l'intellect de l'enfant ne travaille pas seul, mais, partout et toujours, en liaison intime avec son corps, et plus particulièrement avec son système nerveux et musculaire [...]. Ce fait affecte profondément notre manière de penser et joue un rôle prépondérant dans le développement de l'enfant*[6] ».
L'expérience motrice offerte par la liberté

6. Citée dans *Maria Montessori à la découverte de l'enfant*, de E.M. Standing, Éditions Desclée

de mouvement au sein de la Maison des enfants renforce les expériences sensorielles vécues, car on sait maintenant qu'elles sont interdépendantes jusqu'à l'âge de 7 ans.
De récents travaux en psychomotricité et psychophysiologie ont souligné le lien entre la construction du schéma corporel (il s'agit de la représentation que chaque individu se fait de son corps afin de lui permettre de se situer dans l'espace) et l'apprentissage de la lecture. « *L'investissement de l'écriture passe par un investissement du corps propre, de sa motricité, en dehors et dans le cadre de l'enseignement de l'écriture*[7] ». En effet, l'écriture requiert une synchronisation des mouvements, une coordination oculo-manuelle (de l'œil avec la main), le contrôle des muscles et des articulations associées (épaule, coude, poignet, doigts).
Les fiches « Respirations et mouvements pour s'épanouir en s'amusant » sont élaborées par Christine Durandeau Dauge, professeur de yoga diplômé de la Fédération française de Hatha Yoga. Les objectifs des séances sont précisés à chaque fois et les thèmes abordés sont en lien avec les saisons auxquelles ils sont rattachés.
Le Hatha Yoga est une voie du yoga qui permet de trouver un équilibre entre le corps et l'esprit au travers de postures (*asanas*) et de respiration.
Les respirations et mouvements proposés sont à réaliser sans forcer. Ils conviennent aux enfants en bonne santé. Dans le cas contraire, demandez conseil à votre médecin.

Pourquoi des comptines ? (p. 41, p. 94, p. 123, p. 153)

Parce qu'entre 3 et 6 ans l'évolution du langage est tout à fait considérable, les petites phrases toutes simples des comptines correspondent en fait à la construction rythmique et psychologique de l'enfant[8]. Elles l'aident à développer des notions linguistiques temporelles (temps des verbes, adverbes de temps...), à organiser sa pensée (ordre des phrases), à stimuler sa mémoire auditive, son imaginaire et sa fonction symbolique.
Les comptines proposées ici traitent toujours d'un sujet en lien avec les saisons et peuvent être le point de départ d'un échange d'idées avec l'enfant.

Pourquoi des recettes de cuisine ? (p. 52, p. 95, p. 128, p. 165)

Tout d'abord parce que cuisiner c'est partager un moment délicieux dans tous les sens du terme ! Ensuite c'est offrir la possibilité de faire un lien entre l'écrit et sa signification, de se familiariser avec la notion d'enchaînement et de méthode (on met tel ingrédient avant tel autre), de manipuler un certain nombre d'ustensiles qui requièrent de l'habilité, de découvrir des textures (lisse, grumeleux..), d'apprendre des mots de vocabulaire

7. Comment les enfants apprennent à écrire ?, article de Y. Le Roux paru dans la revue Enfance et psychologie (2003-2004).
8. Dossier « *le temps qui passe* », dans *Éducation enfantine* n° 999 (1998).

spécifique (bain-marie, caraméliser…), de s'initier à la science (transformation de la matière sous l'action de la température), d'aborder la notion de temps et… d'éprouver sa patience (temps de cuisson) ; c'est enfin, à la sortie du four, ressentir de la fierté !

Dernières recommandations…

Si certaines des activités suggérées ci-après ne se conçoivent que dans l'interaction (Raconter une histoire dans le noir p. 89 ou Qui suis-je ? p. 90), d'autres comme Petit escargot p. 34 ou Symétrique et magique ! p. 132 par exemple, peuvent très bien faire l'objet d'une présentation puis être laissées à la disposition de l'enfant. Si vous constatez un intérêt particulier pour un ou plusieurs exercices de ce type, n'hésitez pas à disposer un petit plateau contenant le matériel nécessaire à sa réalisation. Par ce choix, vous permettez à votre enfant de refaire l'atelier à l'envi et lui offrez la possibilité d'acquérir une réelle maîtrise par l'entraînement et la répétition.
Ce livre est conçu comme un album avec des photographies et des illustrations. Elles seront, pour votre enfant, une piste d'explorations possibles, un support pour son imagination, une source d'anticipation et, au fil de l'année et des événements, un moyen de remémoration.
Autant d'éléments favorisant la construction de repères temporels et d'images mentales associées.
Enfin, avant de proposer un atelier à l'enfant, assurez-vous de votre propre disponibilité. Rappelez-vous qu'aucun apprentissage valable ne se fait dans la précipitation ou dans le stress. Ce dernier étant même un « *inhibiteur des connaissances*[9] » !
Profitez sans modération de ces moments de complicité, veillez à parler doucement et distinctement, parfois même à rester silencieux afin de lui permettre d'être tout entier absorbé par l'action qu'il est en train d'accomplir. N'hésitez pas à rester en retrait, à observer, votre seule présence bienveillante l'aidera à conforter son estime de lui et… surtout, surtout faites-lui confiance.

9. L'amygdale gère les émotions liées à la peur dans notre cerveau. En cas de stress intense, elle bloque l'activité du cortex et ne permet pas de bien mémoriser. Source : *Comprendre le cerveau : naissance d'une science de l'apprentissage*, Éditions OCDE, juin 2007.

PRÉALABLE

D'une manière générale, les ateliers présentés dans ce livre permettent l'auto-activité. C'est-à-dire qu'une fois la présentation effectuée, l'enfant peut y revenir à son gré. Dans ce contexte, Maria Montessori souligne qu'« *il ne s'agit pas d'abandonner l'enfant à lui-même pour qu'il fasse ce qu'il veut, mais de lui préparer un milieu où il puisse agir librement.* » Car c'est à travers ce désir spontané, cette répétition volontaire, que l'enfant développe des habiletés motrices et sensorielles d'une grande précision. Devenu acteur de son environnement, conscient de son geste, l'enfant passera par ce biais progressivement de l'attention à la concentration. Ainsi, au cours des pages qui vont suivre, vous serez convié à laisser à la disposition de l'enfant le matériel nécessaire à de nouvelles explorations et vous trouverez également une codification couleur vous permettant d'identifier facilement ce qui relève de la préparation (en jaune) et ce qui relève de la présentation.
Enfin, un petit plateau étant fréquemment utilisé pour transporter le matériel de l'étagère à l'espace de travail, celui-ci doit donner lieu, comme dans la Maison des enfants (classe Montessori 3-6 ans), à une présentation à part entière, afin de ne pas mettre l'enfant en difficulté.

Porter un plateau

Cette activité sollicite l'attention, la précision du geste et sa maîtrise favorise l'autonomie et la confiance en soi.

1 Disposez un plateau vide avec des anses de chaque côté.

1 Devant l'enfant soulevez le plateau et portez-le dans un endroit assez éloigné.

2 Posez le plateau et attendez quelques instants puis, ramenez le plateau.

3 Invitez l'enfant à le faire.

Dans un deuxième temps, ajoutez une petite balle sur le plateau.

L'AUTOMNE

LES QUATRE SAISONS

Points forts

- Reconnaissance des repères temporels
- Développement de la coordination oculo-manuelle (œil/main)
- Utilisation de la pince pouce-index (voir lexique en fin d'ouvrage)

il vous faut

- 1 plateau
- Bandes de papier de différentes textures et de différentes couleurs
- Perforatrice en forme de feuille (grande taille pour les plus jeunes)
- Gabarit d'arbre (à main levée ou sur Internet)
- 1 feuille de papier à dessin bleu format A4 (ou A3 selon l'âge)
- Colle

*En lien avec le matériel de vie pratique et le cabinet de botanique.
Un atelier réalisé avec une perforatrice et des papiers unis de différentes textures pour apprendre à mieux se repérer dans le temps.*

L'automne est une saison où les modifications sont importantes. Même si l'on n'y prête pas attention, les feuilles qui volent au vent viennent nous le rappeler. Cet atelier permet d'aborder cette notion et propose une vision d'ensemble des modifications de l'année. Les arbres à feuilles caduques sont des repères temporels forts pour les enfants. Présents en grand nombre dans l'environnement, ils offrent une représentation concrète du temps qui passe.
Prenez le temps d'observer… Offrez au regard différents angles de vue dans une forêt ou un bosquet automnal.
De près, de loin, par-dessus (dénivellation de terrain), par-dessous (couché au sol)… Prenez le temps de ressentir… Écoutez avec votre enfant le bruit du vent dans les feuilles, appréciez les odeurs, observez les ombres dansantes, découvrez la circonférence d'un tronc en l'encerclant de vos bras, touchez l'écorce, les feuilles, les racines si elles sont apparentes…
Ainsi familiarisé, l'enfant aura plaisir à réaliser un petit atelier autour de ce thème.

Les étapes de l'activité

1. Photocopiez sur la feuille bleue, plusieurs gabarits représentant la structure d'un arbre (tronc et branches).
2. Disposez le matériel sur le plateau.

1. Allez chercher le plateau avec l'enfant et commencez à réaliser quelques feuilles d'arbre avec la perforatrice.
2. Fixez-les sur un gabarit avec la colle.
3. Proposez à l'enfant de continuer.
4. Lorsque l'activité est terminée, rangez le matériel avec l'enfant.
5. Laissez un plateau complet à disposition.

Remarque

Accrochez l'arbre obtenu et installez en dessous une « poutre du temps », ce calendrier montessorien qui permet à l'enfant d'avoir une vision concrète du temps qui passe. Vous pouvez télécharger gratuitement le support et les étiquettes nécessaires à sa réalisation sur le site : www.lacourdespetits.com

HAUT COMME 3 POMMES

En lien avec le matériel de vie pratique et le matériel de langage.
Un atelier réalisé avec des buvards et des feutres pour découvrir différentes variétés de pommes.

Points forts

- Constitution d'un « répertoire de traces » (voir lexique)
- Structuration de l'espace (notion intérieur/extérieur)
- Développement de la coordination oculo-manuelle

il vous faut

- 1 plateau
- 3 feuilles de papier buvard blanc
- 3 gabarits de pomme de belle taille
- 3 feutres pinceaux aquarelles (vert, jaune, rouge)
- 10 x 10 cm de buvard vert
- 5 x 10 cm de papier ondulé beige
- 50 x 20 cm de papier marron
- 1 gros pinceau
- 1 coupelle
- Colle

Il existe plusieurs centaines de variétés de pommes. Pour une première approche sensorielle de ce fruit bien connu des enfants, choisissez de lui présenter des pommes aux saveurs et aux teintes bien distinctes. L'enfant effectue des tris par ressemblance ou dissemblance, puis observe la forme, la texture (lisse : Granny Smith ; rugueuse : Canada…), les odeurs et les saveurs du fruit cru (plus ou moins sucré, acide…). Après avoir exprimé ses goûts et ses préférences, commencez à appréhender avec votre enfant la pomme sous diverses formes : crues (en tranches, en jus…) ou cuites (en compote, caramélisées en tarte, entières en pommes d'amour).

Les étapes de l'activité

1. Reportez le gabarit sur chaque buvard blanc.
2. Découpez les queues de pomme dans le papier ondulé et les feuilles dans le buvard vert.
3. Mettez un peu d'eau dans une coupelle.
4. Disposez le matériel sur un plateau.

1. Allez chercher le plateau avec l'enfant.
2. Choisissez un feutre et appliquez sur tout le contour de la pomme par touches successives.
3. Commencez à remplir l'intérieur.
4. Invitez l'enfant à continuer.
5. Une fois la pomme colorée, prenez le pinceau mouillé et posez dessus par touches successives.
6. Observez... Laissez sécher et proposez à l'enfant de fixer la feuille et la queue de la pomme sur le fond marron.
7. Lorsque l'activité est terminée, rangez le matériel avec l'enfant.
8. Laissez à disposition le plateau pour que l'enfant puisse réaliser seul, s'il le souhaite, les deux autres variétés de pomme.

Remarque

*Autour du thème des pommes, chantez des comptines et des poèmes (*Pomme de reinette et pomme d'api, Berceuse pour une pomme *d'Anne Sylvestre...).*

Aux fourneaux !

Quelques recettes particulièrement appréciées à réaliser avec votre enfant, pour utiliser les variétés que vous lui avez présentées :

1. **crumble aux pommes :** pour quatre personnes, coupez quatre pommes en dés, répartissez-les dans un plat allant au four beurré, assaisonnez de cannelle et de sucre vanillé ; dans un saladier, mélangez avec les doigts 100 g de farine et autant de beurre mou et de cassonade, jusqu'à obtenir une pâte granuleuse ; émiettez-la sur les pommes avant de mettre le crumble au four 45 min à 200 °C.
2. **chausson géant aux pommes :** pour quatre personnes, coupez deux pommes en petits morceaux, disposez-les sur la moitié d'une pâte feuilletée du commerce et ajoutez un peu de sucre, du beurre et de la cannelle ; repliez la pâte en chausson, soudez les bords au jaune d'œuf, ainsi que toute la surface visible du chausson, piquez-le et enfournez pour 30 minutes à 180 °C.

LE RAISIN

En lien avec le matériel de vie pratique et le matériel sensoriel.
Un atelier réalisé avec du papier et des perles de laine en camaïeu

Points forts

- Travail de la pince pouce-index
- Développement de la coordination oculo-manuelle
- Maîtrise du geste

il vous faut

- 1 plateau
- Le gabarit grappe de raisin (à prendre dans l'annexe)
- 1 feuille de papier blanc (A4 ou A3)
- 22 perles de laine en camaïeu (le dégradé de couleurs correspond à la préférence exprimée par l'enfant)
- Des feuilles de couleurs assorties (A4 ou A3) qui serviront de support
- Vernis colle
- Pinceau plat pour coller
- Papier lokta vert
- Papier ondulé de couleur naturelle

L'heure des vendanges est arrivée ! Si vous habitez non loin de vignes, peut-être aurez-vous la chance d'apercevoir toute l'agitation autour de cette activité et même… celle de déguster quelques grappes !
Il existe de très nombreuses variétés de raisins. Choisissez parmi elles, deux ou trois variétés bien distinctes tant par leurs aspects que par leur goût afin de réaliser un atelier sensoriel autour de ce fruit (par exemple : chasselas doré aux petits grains ronds dorés et translucides, apprécié pour sa peau mince et sa chair sucrée, fondante et juteuse ; muscat de Hambourg, aux grains ovales noir bleuté à chair sucrée et musquée ; chasselas rose royal, aux grains roses croquants et parfumés de taille moyenne).
Après avoir observé les différentes grappes, senti leurs parfums, touché et dégusté les grains, les enfants s'amuseront à illustrer leur variété préférée…

Les étapes de l'activité

1. Réunissez les perles de laine dans une corbeille.
2. Agrandissez sur le papier blanc le gabarit de la grappe de raisin à la taille désirée.
3. Relevez les contours de la feuille de raisin et découpez-la dans le papier lokta.
4. Relevez les contours du sarment et découpez-le dans le papier ondulé.
5. Collez la feuille directement sur le gabarit.

1. Allez chercher le plateau avec l'enfant.
2. Mettez du vernis colle à l'aide du pinceau aux emplacements des grains.
3. Commencez à disposer quelques perles de laine.
4. Proposez à l'enfant de continuer.
5. Lorsque l'activité est terminée, rangez le matériel avec l'enfant.

Remarque

Réalisez du jus de raisin à l'aide d'un presse-purée ou d'une centrifugeuse. Découvrez le vocabulaire spécifique de la vigne (sarment, rafle, pédoncule…).

ÉCORCE D'ARBRE

En lien avec le matériel sensoriel.
Un atelier réalisé à partir d'écorces d'arbre et de papier glacé pour distinguer les notions de lisse et de rugueux.

Points forts

- Découverte de l'environnement
- Raffinement du sens tactile
- Travail du poignet

il vous faut

- 1 plateau
- 1 fiche cartonnée de papier glacé uni blanc (la taille doit être adaptée à la taille de votre écorce)
- 1 écorce d'arbre
- 1 feutre à pointe fine
- 1 règle graduée
- Du ruban adhésif double face

Majestueux et omniprésent partout sur le territoire, le platane offre aux détours de nos promenades une magnifique illustration des notions de lisse et de rugueux. La mue qu'il subit en cette saison laisse apparaître des zones très lisses, prémices de l'écorce à venir, et des zones rugueuses, en relief, correspondant à celle qu'il s'apprête à abandonner.
Les petites mains peuvent vagabonder sur toute la surface du tronc pour s'imprégner de cette sensation.
De la pulpe du doigt jusqu'à la paume, l'enfant touche les différentes zones qui s'alternent pour mieux se mettre en valeur les unes les autres.
Avant de partir, choisissez une belle écorce tombée au sol et constituez ainsi une fiche d'exploration…

Les étapes de l'activité

1. Tracez avec le feutre et la règle deux rectangles de même taille côte à côte sur la fiche cartonnée.
2. Collez l'écorce dans le rectangle de droite à l'aide du ruban adhésif double face.

1. Allez chercher le plateau avec l'enfant.
2. Effleurez avec la pulpe du doigt et de haut en bas les deux rectangles et expliquez à l'enfant celui qui est lisse et celui qui est rugueux.
3. Invitez l'enfant à toucher à son tour. Lorsque l'enfant a effectué plusieurs reconnaissances tactiles, demandez-lui de désigner ce qui est « lisse » et ce qui est « rugueux ». Si vous ne constatez pas de difficulté, poursuivez…
4. Effleurez en silence le côté lisse et demandez : « Comment c'est ? » L'enfant répond : « C'est lisse. ».
5. Procédez de la même manière pour la partie rugueuse sur laquelle est collée l'écorce.
6. Lorsque l'activité est terminée, rangez le matériel avec l'enfant.
7. Laissez le plateau à disposition.

Remarque

Poursuivez l'exploration lisse/rugueux autour des fruits : pomme/litchi, tomate/noix de coco entière, kiwi/noix… Explorez les objets familiers : plastique (lisse)/paillasson en coco (rugueux)…

RAFFINEMENT DU SENS TACTILE

Points forts

- Subtilité tactile
- Approche sensorielle de la verticalité
- Introduction aux comparatifs et superlatifs

il vous faut

- 1 petit plateau
- 4 limes à ongles identiques 100/100 (ce qui correspond à un grain dur. Plus le chiffre est élevé, plus le grain de la lime est fin, et plus il est faible, plus le grain est gros et dur)
- 1 rectangle de format A5 de papier lisse et épais de type bristol
- Ruban adhésif double face

En lien avec le matériel de vie pratique et le matériel sensoriel.
Un atelier réalisé avec des limes à ongles pour renforcer les notions de lisse et de rugueux et affiner la sensibilité tactile.

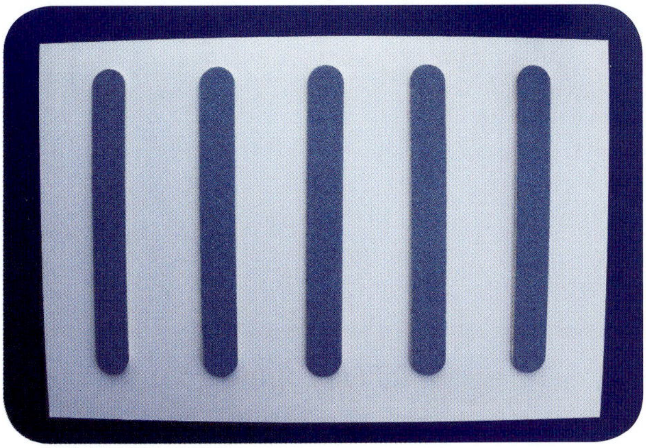

Après avoir présenté les termes de lisse et de rugueux (voir l'atelier précédent réalisé avec l'écorce d'un arbre), cette activité va aider l'enfant à transposer cette notion pour être capable par la suite de la généraliser. Le grain de la lime lui permettra également de développer la subtilité tactile.

Les étapes de l'activité

1. Prenez le rectangle de papier dans le sens de la longueur.
2. Collez les limes les unes à côté des autres en maintenant un espace régulier. L'enfant doit sentir l'alternance de la partie lisse du papier et de la partie rugueuse de la lime.
3. Avant de commencer cet atelier, demandez à l'enfant de se laver les mains à l'eau tiède pour augmenter la sensibilité de l'extrémité des doigts et prendre soin du matériel.

1. Allez chercher le plateau avec l'enfant.
2. Isolez la vue en regardant un point fixe au loin.
3. Effleurez la feuille (parties lisses du papier et parties rugueuses des limes) en effectuant des mouvements de haut en bas.
4. Nommez : « Lisse, rugueux » lorsque la sensation est rencontrée par le doigt.
5. Invitez l'enfant à le faire à son tour.
6. Lorsque l'activité est terminée, rangez le matériel avec l'enfant.
7. Laissez le plateau à disposition.

Remarque

Proposez une gradation avec trois limes de couleur, taille et forme identiques. Vous pouvez aussi réaliser des mises en paires en prévoyant deux limes de chaque sorte. Collez une lime par rectangle de papier lisse et épais et proposez à l'enfant de compléter la paire. Lorsque la mise en paire est maîtrisée, prenez une seule série de trois limes et introduisez le comparatif (plus rugueuse que…, moins rugueuse que…) *et le superlatif* (la plus rugueuse *de la série proposée…,* la moins rugueuse *de la série proposée…).*

UN PETIT COIN DE PARAPLUIE

En lien avec le matériel de vie pratique.
Un atelier réalisé avec des pastels gras, de l'encre et de la gouache pour découvrir l'actualité météorologique.

Points forts

- Déplacement de la main
- Maîtrise du geste
- Concentration

Il vous faut

- 1 plateau
- 2 feuilles blanches (270 g)
- 1 pastel gras blanc
- Encre bleu nuit
- Vernis colle
- 1 gabarit de parapluie (de dessus pour les plus jeunes)
- Peinture brillante rouge
- 1 feutre marron
- 1 pinceau large et plat en mousse
- 2 morceaux d'éponge

Les grises journées d'automne offrent de magnifiques opportunités sensorielles : se laisser porter par le vent, humer le parfum de la terre humide, écouter le bruit de la pluie, sentir les gouttes d'eau sur son visage, sauter dans les flaques, danser dans les feuilles tombées au sol et… courir main dans la main se réfugier au coin du feu !

Les étapes de l'activité

1. Reportez deux gabarits de parapluie sur une feuille blanche et découpez-les.
2. Disposez sur le plateau l'ensemble du matériel.

1. Allez chercher le plateau avec l'enfant.
2. Commencez à tracer sur la feuille des petits traits obliques avec le pastel (traits droits pour les plus jeunes).
3. Proposez à l'enfant de couvrir ainsi la feuille.
4. Prenez ensuite l'encre et commencez à tracer une bande horizontale de la gauche vers la droite : la pluie apparaît alors !
5. Invitez l'enfant à poursuivre puis laisser sécher.
6. Pendant ce temps, prenez la peinture et tamponnez avec un morceau d'éponge l'intégralité d'un parapluie et invitez l'enfant à le faire sur l'autre.
7. Lorsque cela est sec, proposez à l'enfant de fixer le ou les parapluies en tamponnant par-dessus avec du vernis colle (puis de dessiner le manche au feutre, si nécessaire).
8. Lorsque l'activité est terminée, rangez le matériel avec l'enfant.

Remarque

Écoutez le son produit par la pluie lorsqu'elle tombe sur des supports différents (toile enduite, seau, sable, tôle ondulée…).
Introduisez le vocabulaire météorologique (un temps couvert, nuageux, pluvieux, neigeux, ensoleillé…) et associez les vêtements adéquats à ces circonstances.
Réalisez en fonction de l'âge des dessins graphiques sur l'intensité de la pluie (traits verticaux longs, courts obliques, rapprochés, éloignés…).

PETIT ESCARGOT

En lien avec le matériel de vie pratique, le matériel sensoriel et le matériel de langage.
Un atelier réalisé avec de la pâte à modeler et des clous de girofle pour apprivoiser la pluie et découvrir la marche lente de nos petits amis qui sortent lorsque l'on rentre se mettre à l'abri

Points forts

- Découverte du vivant
- Motricité fine
- Enrichissement du vocabulaire

Il vous faut

- 1 plateau
- 2 coquilles d'escargot
- 2 morceaux de pâte à modeler marron
- 4 clous de girofle
- 1 crayon
- 1 pinceau plat
- Vernis

Avec les conditions météorologiques de l'automne, les chances d'apercevoir des escargots ne manquent pas ! Découvrez sa marche lente et silencieuse, la texture de son corps, les reliefs de sa coquille, ses antennes rétractiles. Intéressez-vous à son mode de vie, son alimentation… et illustrez ce grand classique de nos jardins !

Les étapes de l'activité

1. Vernissez les coquilles d'escargot avec le pinceau plat et laissez sécher.
2. Disposez le matériel sur un plateau.

1. Allez chercher le plateau avec l'enfant.
2. Prenez un morceau de pâte à modeler marron et scindez-le en deux.
3. Roulez un des morceaux sous la main pour obtenir un « petit boudin » de 9 cm environ pour faire le corps.
4. Roulez dans la main la partie restante pour faire la tête.
5. Faites deux trous pour les yeux et un pour la bouche avec la mine du crayon.
6. Ajoutez les clous de girofle au sommet de la tête
7. Posez la coquille puis relevez la partie avant du corps et fixez la tête dessus.
8. Proposez à l'enfant de le faire à son tour.
9. Lorsque l'activité est terminée, rangez le matériel avec l'enfant et laissez un plateau complet à disposition.

Remarque

Construisez une escargotière (parc à escargots).

Un joli conte portugais Histoire d'Oscar l'escargot bicolore, *Michel Yaèche, Éditions de l'officine.*

LES LIGNES

En lien avec le matériel sensoriel.
Un atelier inspiré de Gene Davis, célèbre peintre américain, réalisé avec des bâtonnets plats en bois naturel pour s'initier au plan linéaire (vertical ou horizontal).

Points forts

- Développement de la coordination oculo-manuelle
- Utilisation des trois doigts de l'écriture
- Préparation à l'écriture

il vous faut

- 1 plateau
- 1 châssis en toile de 20 x 20 cm
- 6 bâtonnets plats en bois naturel
- Encre jaune (ou tampon d'encre)
- Encre orange (ou tampon d'encre)
- Encre rouge (ou tampon d'encre)
- 3 pinceaux plats (sauf si vous utilisez des tampons)
- 3 coupelles (si pinceaux)
- Ruban adhésif double face

Certains objets de la vie quotidienne peuvent être utilisés comme une excellente préparation aux gestes de l'écriture. C'est d'ailleurs un des objectifs du matériel de « vie pratique » des Maisons des enfants Montessori.
Ainsi, on peut préparer le geste de la ligne verticale au travers d'activités telles que : essuyer une petite table de haut en bas, brosser les cheveux d'une poupée, monter et descendre une fermeture éclair…
Le mouvement musculaire acquis, le travail portera sur la maîtrise, la précision du geste et la tenue de l'outil d'écriture : du gros pinceau à la plume.

Les étapes de l'activité

1. Remplissez chacune des trois coupelles d'une encre de couleur et prenez un pinceau par couleur.
2. Disposez le matériel sur un plateau.

1. Allez chercher le matériel avec l'enfant.
2. Choisissez une couleur et prenez 2 bâtonnets.
3. Peignez-en un en effectuant des mouvements de haut en bas (lignes verticales) ou de gauche à droite (lignes horizontales).
4. Proposez à l'enfant de continuer sur l'ensemble des bâtonnets (deux par couleur).
5. Laissez sécher puis fixez sur le châssis avec l'adhésif dans le sens du mouvement effectué (vertical ou horizontal).
6. Lorsque l'activité est terminée, rangez le matériel avec l'enfant et laissez la production dans l'ambiance.

Remarque

Découvrez des peintres ayant travaillé sur ce thème : Gene Davis, Pierre Soulages, Lucio Fontana, Richard-Paul Lohse…

Découvrez des sculptures sur ce thème : colonnes de Daniel Buren, à Paris, La Femme debout d'Alberto Giacometti…

CITROUILLE

Points forts

- Découvrir la vie végétale
- Développer la coordination oculo-manuelle
- Apprendre à verser, apprendre à se servir

il vous faut

Pour une citrouille de 8 cm de diamètre :

- 1 plateau contenant 1 pichet transparent de petite taille avec bec verseur
- Des pois chiches
- 1 verre Bodega (verre bas)
- 1 rond de 25 cm de diamètre découpé dans du plastique léger (un sac par exemple)
- 1 rond de papier crépon orange de 25 cm de diamètre
- 1 rond de papier kraft de 4 cm de diamètre
- 1 feuille de citrouille découpée dans de la feutrine verte, avec un trou d'1 cm au centre
- Ciseaux
- 2 élastiques
- 15 cm de fil chenille vert

En lien avec le matériel de vie pratique et le matériel de langage.
Un atelier réalisé avec du papier crépon, de la feutrine, des graines et du fil chenille pour découvrir ces légumes insolites de la famille des cucurbitacées !

Voilà une famille qui ne laisse pas indifférent ! Que l'on apprécie ou non le goût des potirons de toutes sortes, nous sommes inévitablement attirés par leurs formes généreuses et leur bonne mine. Cet attrait sera bien sûr le point de départ d'une exploration sensorielle (visuelle, tactile et gustative) et une source d'inspiration en arts plastiques.

Étape 1 : Maîtriser son geste

- Prenez un plateau avec deux pichets transparents identiques (avec bec verseur et d'une taille adaptée à l'enfant). Le pichet droit est rempli de pois chiches (environ jusqu'à la moitié), celui de gauche est vide. Présentez l'activité sur une table.

1. Allez chercher le matériel avec l'enfant.
2. Prenez soin de saisir l'anse du pichet rempli avec le pouce, l'index et le majeur de votre main droite et mettez sous le bec verseur l'index et le majeur de votre main gauche. Cette position offre une grande stabilité.
3. Soulevez doucement le pichet.
4. Inclinez le pichet droit et amenez-le au-dessus du pichet gauche.
5. Versez l'intégralité des pois chiches de façon régulière et continue.
6. Redressez le pichet vide et reposez-le sur le plateau.
7. Renouvelez l'opération de la gauche vers la droite.
9. Invitez l'enfant à le faire.
10. Lorsque l'activité est terminée, rangez le matériel avec l'enfant et laissez le plateau à disposition.

Étape 2 : Réaliser ensemble une jolie citrouille !

- Disposez le matériel sur le plateau.

1. Allez chercher le plateau avec l'enfant.
2. Prenez le rond de crépon orange.
3. Posez le rond en plastique dessus.
4. Disposez les ronds dans le verre Bodega.
5. Rabattez ce qui dépasse sur les parois extérieures du verre. Insistez sur les bords en passant le doigt tout autour.
6. Proposez à l'enfant de verser les pois chiches dans le verre (sur le plastique) à l'aide du pichet et de le remplir.
7. Ramenez les rabats en plastique et fermez avec un élastique.
8. Prenez les rabats en crépon et fermez avec un élastique.
9. Couvrez l'excédent de plastique et de crépon à environ 3 cm de la base.
10. Couvrez cette tige avec le papier kraft.
11. Proposez à l'enfant d'enfiler la feuille sur la tige et d'enrouler le fil de fer chenille autour.
12. Lorsque l'activité est terminée, rangez le matériel avec l'enfant.

Variantes

- Prenez des graines plus petites (lentilles corail par exemple) pour affiner la maîtrise.
- Versez de l'eau d'une carafe dans une autre en prenant deux pichets identiques adaptés à la taille de l'enfant. Et n'oubliez pas de vous munir d'une éponge pour essuyer les gouttes éventuelles.
- Versez de l'eau d'une carafe dans deux verres. Prenez soin de mettre un trait rouge (feutre permanent, adhésif rouge…) quelques centimètres avant le rebord du pichet afin que l'enfant puisse avoir un repère.

Comptine : FAUX AMIS

Une petite comptine pour apprendre à se méfier des apparences et découvrir que tous les champignons ne sont pas comestibles

Sur un lit de mousse
entre feuilles et souches
deux jolis bolets sont nés
après la rosée

Pressés de se lier d'amitié
ils ont sauté dans le panier
d'une poupée
qui passait à côté

« Descendez sur-le-champ ! »
leur dit-elle fermement,
je préfère les champignons rouges et blancs
ils sont beaucoup plus séduisants »

Heureusement,
nos bolets ont eu le temps
d'avertir cette enfant
du danger imminent

« Être beau n'est pas suffisant,
il faut se méfier des galants
et demander des renseignements
au pharmacien savant »

EMPREINTE

Points forts

- Constituer un « répertoire de traces » (voir lexique)
- Enrichir son vocabulaire (voilà une belle occasion de s'intéresser à la structure d'une feuille : pétiole, nervure, limbe…)
- Affiner ses sens (subtilité sensorielle, voir lexique)

il vous faut

- 1 plateau
- 1 feuille d'arbre choisie par l'enfant
- 3 feuilles de papier à dessin blanc
- Des pastels secs
- Et pour les plus curieux… prévoyez une loupe !

En lien avec le matériel sensoriel et matériel de vie pratique. Un atelier réalisé avec des pastels secs pour mettre en valeur une feuille d'automne et découvrir sa structure.

Les étapes de l'activité

- Allez chercher le plateau avec l'enfant.

1. Posez un premier papier à dessin sur la table.
2. Déposez dessus la feuille d'arbre.
3. Recouvrez avec l'autre papier à dessin.
4. Frottez la surface de ce dernier avec toute la longueur du pastel. L'empreinte apparaît alors.
5. Invitez l'enfant à le faire.
6. Lorsque l'activité est terminée, rangez le plateau.
7. Laissez un plateau complet à disposition (renouveler les feuilles).

Variantes

- Réalisez un herbier sensoriel avec des feuilles aux structures très différentes et demandez à l'enfant de décrire ces différences.
- Réalisez des animaux avec des feuilles ou des fleurs séchées en assemblant différentes formes. Si vous le souhaitez, vous pouvez vous inspirer du livre *Fleurs et feuilles,* de Daniel Picon, aux éditions Mango Jeunesse.

LANTERNE DE HALLOWEEN

Points forts

- Découvrir la culture d'autres pays
- Enrichir son vocabulaire
- Prendre conscience des états émotionnels et les identifier

il vous faut

- Pot(s) en verre (tailles et formes à votre convenance)
- 1 feuille de papier de soie de couleur orange
- 1 feuille de papier de soie de couleur noire
- 1 feuille de papier de soie de couleur vert foncé
- Ciseaux
- Ruban adhésif double face
- Guirlande lumineuse

En lien avec le matériel de vie pratique, le matériel sensoriel et le matériel de langage.
Un atelier à réaliser ensemble avec un bocal, du papier de soie et des guirlandes lumineuses pour fêter Halloween comme il se doit et découvrir tout un panel d'expressions...

Très célébrée aux États-Unis, Halloween est une fête d'origine païenne. Elle mêle une ancienne fête celte, Samhain, en l'honneur du dieu de la mort, et une fête romaine dédiée à la déesse des arbres, des fruits et de la fertilité, Pomona. L'Empire romain envahit l'Irlande et l'Angleterre (habitées par les Celtes) pendant le premier siècle et implanta alors sa fête en l'honneur de la déesse Pomona. Après plusieurs siècles, cette fête se mélangea avec la fête traditionnelle des Celtes en l'honneur de Samhain, très populaire. Le noir et l'orange symbolisent ces deux événements : le noir de la nuit et de la mort, et l'orange des premières lueurs de l'aube, le début de toute chose. Halloween est surtout aujourd'hui la fête des enfants. Déguisés en fantômes, sorcières et autres vampires, ils frappent aux portes à la tombée de la nuit, réclamant bonbons et friandises...
Gare aux rabat-joie ! La vengeance sera farceuse, alors... « Farces ou friandises ? »
Inspirée de réalisations américaines, cette drôle de lanterne éclairera vos lectures nocturnes...

Les étapes de l'activité

1. Découpez dans le papier de soie noir les yeux et la bouche.
2. Fixez les yeux et la bouche directement sur le pot en verre à l'aide du ruban adhésif double face.
3. Tapissez les parois de votre pot avec la feuille de papier de soie orange.
4. Faites ressortir largement le papier du pot.
5. Placez une guirlande lumineuse au fond du pot.
6. Prenez du papier de soie vert et faites un grand nœud.
7. Déposez le nœud sur le côté de votre pot.

Attention !
Pour des raisons de sécurité, ne laissez pas ce type d'éclairage allumé sans surveillance, et ne couvrez pas votre lanterne.

Remarque

Découvrez l'histoire de Jack O'Lantern, un vieux conte irlandais à l'origine de la fameuse citrouille !

Évidez et sculptez une citrouille.

CES SONS QUI NOUS ENTOURENT

En lien avec le matériel de langage.
Un atelier de concentration auditive pour décrypter les sons qui nous entourent, mieux se repérer dans son environnement et se préparer à la lecture.

Points forts

- Préparation à l'écriture
- Préparation à la lecture
- Concentration auditive
- Conscience phonologique

il vous faut

- 1plateau
- 1 tapis pour délimiter l'aire de travail
- Des objets miniatures (petites voitures, animaux...)

« *Le langage, c'est du temps, c'est du son, c'est de la musique* [11]. »
Le langage c'est du temps. Il s'inscrit dans la durée, dans une construction qui ne peut se faire que dans une relation de confiance avec l'autre. Le langage c'est du son. Comme le musicien, nous devons connaître, distinguer puis assembler des sons avant de former des phrases qui traduisent le plus exactement possible notre pensée.
C'est pourquoi très tôt il faut enrichir et structurer le vocabulaire au travers d'histoires courtes lues ou racontées, de comptines...
Travailler autour du rythme par l'intermédiaire de chansons, de poèmes, de musique...
S'entraîner à discriminer les sons familiers grâce à des explorations ludiques...
Par exemple, dans la cuisine, les yeux fermés, l'enfant essaye de deviner d'où viennent les sons produits : ouverture de la porte du réfrigérateur, fermeture d'un tiroir, sac en plastique que l'on range ...
Lorsque l'enfant possède un répertoire de mots suffisant, initiez-le à l'analyse d'un son particulier contenu dans un mot. Adaptez la difficulté à l'âge (mots courts/mots longs, son au début ou à la fin du mot...).

11. Evelio Cabrejo Parra, psycholinguiste.

Les étapes de l'activité

1. Dans un premier temps, disposez sur un plateau différents petits objets : une vache, un bracelet, des baguettes, une bougie, un épi, une citrouille...). Sortez-les un à un et nommez-les (ici c'est bien une vache dont on parle, et non d'un taureau ! On vérifie si besoin est la présence des pis), puis demandez à l'enfant de découvrir des objets contenant le son « A » (par exemple) et retirez-les. Continuez ainsi pour le son « i ».
2. Dans un deuxième temps, ajoutez à ce plateau plusieurs objets commençant par le même son (un moulin, un mouton, une mouette...) et demandez à l'enfant de découvrir ceux qui commencent par le son concerné (ici, « m »).
3. Disposez les objets sélectionnés sur un plateau.

1. Allez chercher le plateau avec l'enfant et déroulez le tapis de travail au sol.
2. Sortez un à un les objets et disposez-les de façon ordonnée les uns à côté des autres sur le tapis.
3. Dites posément tous les noms des objets avec l'enfant afin d'être bien d'accord sur leur appellation.
4. Dites à l'enfant : « Je vois un objet dans lequel on entend le son "a". »
5. L'enfant répond : « Une vache », « un bracelet »...
6. Isolez les objets annoncés.
7. Continuez ainsi pour le son « i » (« épi, citrouille, bougie »), isolez les objets s'ils sont nommés.
8. Lorsque l'activité est terminée, rangez le plateau et le tapis avec l'enfant.

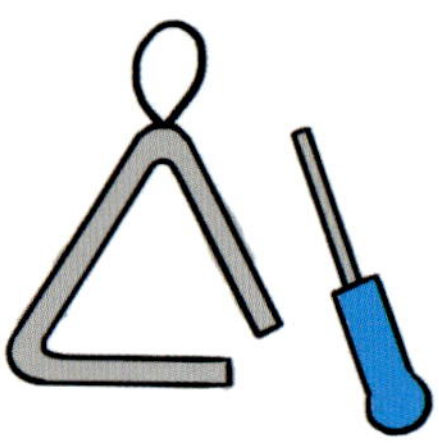

Remarque

Trouvez des mots qui commencent par le même son.

Jouez au jeu des « associations d'idées » : Si je te dis « jaune » tu penses à quoi ? (le soleil, la banane...).

Yoga

Respirations et mouvements pour s'épanouir en s'amusant proposés par Christine Durandeau Dauge, professeur de yoga diplômé de la Fédération française de Hatha Yoga.

VIVRE, C'EST RESPIRER !

En apprenant à votre enfant à bien respirer, vous mettez à sa disposition un précieux outil à même d'accroître sa vitalité et sa détente. Ces respirations conscientes sont également pour vous !

Pour se détendre

Imagine, ressens-toi… comme un pantin désarticulé

1. Debout, les jambes et les pieds écartés de la largeur du bassin et parallèles, relâche les épaules et les bras de manière à ce qu'ils ressemblent à ceux d'un pantin désarticulé.
2. En faisant partir le mouvement de la taille, tourne le buste vers la gauche puis vers la droite, les bras complètement mous.
3. Continue ainsi en accélérant le mouvement progressivement…
4. Puis laisse-le prendre fin de lui-même.

Pour développer équilibre et concentration

Imagine, ressens-toi… comme un arbre inébranlable

Tes pieds sont les racines de l'arbre,
Ton corps en est le tronc,
Tes bras en sont les branches.
Entre le ciel et la terre tu es bien
droit, fort, stable
Comme un arbre inébranlable.

- **Pour les plus grands :** Les pieds joints, place la plante du pied gauche à l'intérieur de la cuisse droite. Ouvre les bras dans le prolongement des épaules, les paumes des mains tournées vers le ciel et immobilise-toi aussi longtemps que possible… Fais de même avec l'autre pied (la plante du pied droit sur la cuisse gauche).

- **Pour les plus jeunes :** Les pieds joints, les bras levés contre les oreilles, les mains jointes au-dessus de la tête, monte sur la pointe des pieds et immobilise-toi aussi longtemps que possible…

Respire du bas du ventre jusqu'au nez !

1. Choisis une position dans laquelle tu te sens bien détendu.
2. Expire, laisse sortir l'air par le nez, aussi lentement et silencieusement que possible, en resserrant le ventre de bas en haut...
3. Puis inspire, laisse entrer l'air par le nez, en relâchant doucement ton ventre. L'air gonfle d'abord ton ventre, puis le haut de ton corps jusqu'aux narines ...
4. Continue ainsi quelques respirations. Sens bien que chaque inspiration te remplit de force et que chaque expiration rend ton corps de plus en plus mou.

Recette : VELOUTÉ DE CHAMPIGNON À LA TRUFFE BLANCHE

il vous faut

Pour 3 à 4 personnes :
Préparation : 15 minutes
Cuisson : 20 minutes

- 500 g de petits champignons de Paris
- 1 litre d'eau
- 2 cubes de bouillon de légumes
- 2 cuillères à soupe d'huile d'olive
- 1 filet d'huile d'olive à la truffe blanche
- 2 oignons
- 1 gousse d'ail
- 20 cl de crème fraîche
- Sel, poivre 5 baies
- Persil frais

Les étapes de la recette

1. Faites chauffer l'eau avec les deux bouillons de légumes.
2. Portez à ébullition, mélangez pour dissoudre les cubes, puis réservez.
3. Épluchez et hachez l'ail et les oignons.
4. Mettez l'huile dans une cocotte et faites-y revenir ail et oignons jusqu'à ce qu'ils commencent à caraméliser.
5. Coupez les bouts terreux et lavez rapidement les champignons avec de l'eau vinaigrée. Essuyez-les bien.
6. Émincez les champignons entiers (y compris les pieds), et ajoutez-les dans la cocotte.
7. Faites revenir quelques minutes.
8. Versez sur cette préparation le bouillon préparé précédemment.
9. Portez à ébullition et laissez mijoter doucement 10 minutes.
10. Mixez en ajoutant la crème fraîche, le sel et le poivre.
11. Servez sans oublier de verser quelques gouttes d'huile à la truffe blanche dans chaque assiette.

Bon appétit !

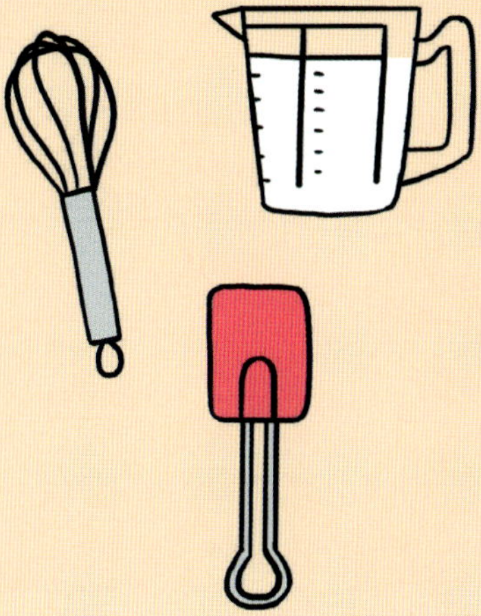

L'HIVER

DISTINGUER LES TEXTURES

Points forts

- Développer sa concentration
- Raffiner le sens tactile
- Savoir mieux se repérer dans son environnement

il vous faut

- 1 boîte contenant deux jeux de 6 rectangles de papiers différents (10 x 15 cm). Les papiers choisis ont, pour la plupart, déjà été utilisés lors d'ateliers précédents
- 2 rectangles de papier kraft pour l'emballage et les travaux manuels
- 2 rectangles de papier crépon
- 2 rectangles de papier glacé pour l'impression de photos, de magazines et de travaux manuels…
- 2 rectangles de papier à dessin
- 2 rectangles de papier calque
- 2 rectangles de papier lokta

En lien avec le matériel sensoriel (les étoffes).
Un atelier réalisé avec différents papiers pour affiner sa perception tactile, développer ses connaissances et élargir son vocabulaire.

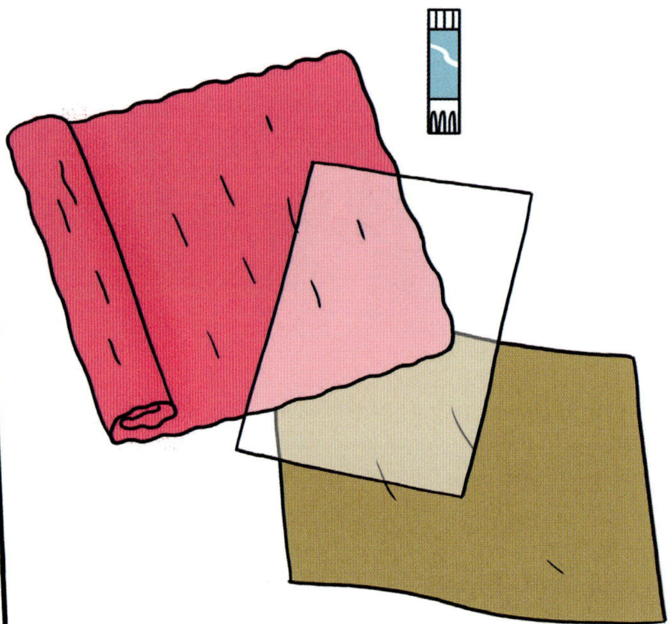

Avant de commencer cet atelier, assurez-vous que l'enfant a bien intégré les notions de lisse et rugueux (des ateliers s'y rapportent dans la section sur l'automne). Cette reconnaissance tactile très contrastée est en effet un préalable essentiel à l'introduction de textures plus subtiles.

Il est préférable de choisir des papiers unis (à part les motifs inhérents à la trame) et de couleurs naturelles. L'enfant exerce ici son raffinement tactile et cette neutralité l'aide à isoler ce sens.

Les étapes de l'activité

1. Constituez la « boîte ».
2. Lavez-vous les mains à l'eau tiède pour augmenter la sensibilité tactile.

1. Installez la boîte sur la table avec l'enfant et présentez trois types de papiers très différents.
2. Sortez six rectangles (deux jeux de trois) et disposez-les sur une table.
3. Touchez lentement le premier rectangle de papier.
4. Isolez le regard en fixant un point précis.
5. Cherchez au toucher le rectangle identique.
6. Procédez à la mise en paires.
7. Poursuivez de cette manière pour les deux autres sortes de papier.
8. Proposez à l'enfant de le faire.
9. Lorsque l'activité est terminée, rangez le matériel et laissez la boîte à disposition.
10. Une fois que l'enfant est à l'aise, introduisez l'ensemble des morceaux de papier contenus dans la boîte puis le vocabulaire (leçon en 3 temps voir annexe) et la fonction de chaque papier.

Remarque

Procédez de la même manière avec une boîte contenant des tissus d'origine naturelle (coton, lin, soie, flanelle, chanvre, bambou...).

L'ORIGINE DU FIL DE LA LAINE

Points forts

- Concentration
- Raffinement du sens tactile
- Repères environnementaux

il vous faut

- 1 plateau
- 1 corbeille contenant 3 figurines (chèvre blanche, lapin blanc, mouton blanc)
- 2 pelotes de laine mérinos (laine provenant de moutons de race Mérinos)
- 2 pelotes de laine cachemire (laine provenant de la chèvre de la province du Cachemire, en Inde)
- 2 pelotes de laine angora (laine provenant du lapin angora)

En lien avec le matériel sensoriel (les étoffes) et le matériel de langage (la ferme).
Un jeu d'exploration pour découvrir l'origine de la pelote de laine, affiner son sens tactile et développer son vocabulaire.

À partir d'histoires et de diverses illustrations (photos, dessins, séquences filmées, figurines...), étudiez la vie du mouton : la composition de sa famille, le vocabulaire spécifique, son lieu de vie, son alimentation...
Lorsque l'enfant est bien familiarisé avec cet animal, révélez que la masse bouclée autour de son corps est

de la laine et que c'est à partir de celle-ci que l'on peut faire des pulls, des écharpes ou des couvertures… pour avoir bien chaud.
Parlez de la tonte qui a lieu au printemps quand les températures se radoucissent et que le mouton n'a plus besoin de cet épais manteau. Abordez les étapes de fabrication successives jusqu'à la confection d'une pelote de laine.
Observez à la loupe les fibres assemblées en fils.
Représentez visuellement ces étapes (de la tonte à la pelote) avec des photos et demandez à l'enfant, quand il est à l'aise, de les classer par ordre chronologique (le nombre d'images varie en fonction de l'âge de l'enfant).

Introduisez le fait que ce procédé existe aussi avec d'autres animaux : lapins, chèvres, lamas…
Présentez ensuite un plateau contenant six pelotes écrues (non colorées) en trois paires identiques. Les pelotes doivent être de la même couleur car le travail porte ici sur la perception tactile et non visuelle. Cette neutralité aide l'enfant à focaliser son attention sur les sensations recherchées.

Les étapes de l'activité

1. Disposez le matériel sur le plateau.
2. Demandez à l'enfant de se laver les mains à l'eau tiède.
1. Allez chercher le plateau et installez-vous sur une table ou sur un tapis.
2. Observez, touchez… Réalisez des mises en paires.
3. Invitez l'enfant à le faire.
4. Introduisez la provenance de chaque pelote et associez-les aux figurines correspondantes.
5. Donnez le vocabulaire (mérinos, cachemire, angora) avec la leçon en 3 temps (voir annexe).
6. Lorsque l'activité est terminée, rangez le plateau et laissez-le à disposition.

Remarque

Proposez des mises en paires « à l'aveugle », grâce au toucher.

Disposez un plateau avec six pelotes différentes provenant du mouton.
***Exemples :** lambswool (d'agneau de moins de six mois), mérinos (du mouton de race mérinos), shetland (du mouton de race shetland).*

Réalisez des pompons.

Apprenez à tricoter…

JAUNE, ROUGE, BLEU…

En lien avec le matériel sensoriel (1re boîte des « tablettes de couleur », voir lexique).
Un atelier pour apprendre à distinguer, puis petit à petit, à généraliser les couleurs primaires.

Points forts

- Coordination oculo-manuelle
- Repères environnementaux
- Concentration

il vous faut

- 6 cartes de visite de couleur (2 bleues, 2 jaunes, 2 rouges) de format standard, 8,5 x 5,4 cm, faciles à manipuler par les enfants

Pour éviter toute détérioration lors des manipulations, pensez à plastifier vos cartes !

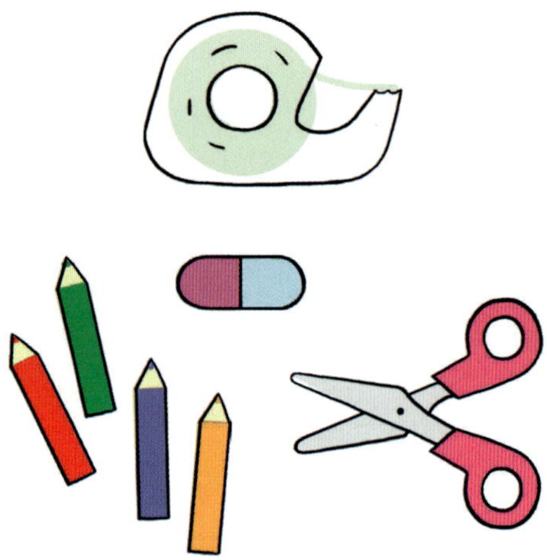

12. Locke, philosophe.

Être capable de distinguer…

Parce que «*rien n'est dans l'entendement qui n'ait d'abord été dans le sens*[12]» l'initiation aux couleurs doit être avant tout sensorielle. Tout entier consacré à cette expérience, l'enfant s'adonne à une exploration volontaire : observation, manipulation, comparaison, assemblage, tri… Ainsi éprouvé, chargé de sens au propre comme au figuré, l'acquisition du vocabulaire ne sera plus, le moment venu, qu'une formalité. Dans les Maisons des enfants, le nom des couleurs est introduit lorsque l'enfant est capable de distinguer avec facilité neuf teintes (rouge, bleu, jaune, vert, orange, violet, marron, rose, gris) ainsi que le noir et le blanc.

Être capable de distinguer…

1. Allez chercher le matériel avec l'enfant.
2. Sortez une à une les cartes et disposez-les sur une table ou un tapis.
3. Prenez une carte et isolez-la.
4. Cherchez son double parmi les autres cartes et assemblez-les.
5. Faites de même pour les quatre cartes restantes.
6. Lorsque l'activité est terminée, dispersez les cartes et invitez l'enfant à le faire.
7. Rangez le matériel et laissez-le à disposition.

S'entraîner au tri…

Effectuez un tri par couleur avec des objets identiques.
Exemples : bobines de fil ou boules de Noël ou grosses perles de laine ou bonbons emballés…

Laissez le matériel à disposition.

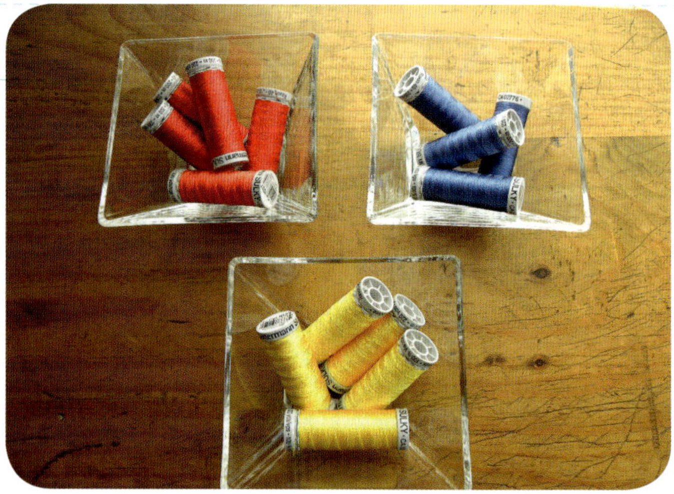

Être capable de généraliser ses connaissances

Effectuez un tri par couleur avec des objets de formes et de tailles différentes.

Exemple : éléments de mercerie, décoration de Noël (guirlandes et boules et sujets divers…).

Laissez le matériel à disposition.

Remarque

Faites choisir une des trois couleurs du début de l'atelier à l'enfant et proposez-lui de peindre sur une feuille comme il veut (doigts, pinceaux…) avec celle-ci. Attention ! Mettez à disposition une seule couleur à la fois pour ne pas obtenir d'autres couleurs par mélange (couleurs secondaires).

VERT, ORANGE, VIOLET

Points forts

- Expérimentation
- Maîtrise du geste
- Concentration

Il vous faut

- 1 plateau
- 2 petits flacons de colorant alimentaire jaune
- 2 petits flacons de colorant alimentaire bleu
- 2 petits flacons de colorant alimentaire rouge
- 2 rectangles (environ 10 x 5 cm) de papier à dessin rouge
- 2 rectangles (environ 10 x 5 cm) de papier à dessin bleu
- 2 rectangles (environ 10 x 5 cm) de papier à dessin jaune
- 3 bouteilles avec leurs bouchons, remplies d'eau aux 2/3
- 3 petits entonnoirs

En lien avec le matériel sensoriel (2e boîte des « tablettes de couleur »). Un atelier réalisé avec de l'eau et des colorants alimentaires pour découvrir la formation des couleurs secondaires.

Lorsque l'enfant commence à bien différencier les couleurs, voici une petite expérience à réaliser…

Les étapes de l'activité

1. Disposez les trois bouteilles d'eau de manière espacée sur le plateau.
2. Placez devant la première bouteille un rectangle jaune et un rectangle bleu.
3. Posez sur ces rectangles les flacons de colorant alimentaire correspondants.
4. Mettez devant la deuxième bouteille un rectangle jaune et un rectangle rouge.
5. Posez sur ces rectangles les flacons de colorant alimentaire correspondants.
6. Mettez devant la troisième bouteille un rectangle rouge et un rectangle bleu.
7. Posez sur ces rectangles les flacons de colorant alimentaire correspondants.

1. Allez chercher le plateau avec l'enfant.
2. Ouvrez les bouteilles une à une.
3. Introduisez un entonnoir dans chaque goulot de bouteille.
4. Partez de la première bouteille à gauche.
5. Invitez l'enfant à prendre le flacon de colorant jaune et à en verser un peu dans la bouteille à l'aide de l'entonnoir.

6 Observez la couleur de l'eau (elle devient jaune).

7 Invitez l'enfant à prendre le flacon bleu et à en verser un peu dans la même bouteille.

8 Observez les couleurs qui se mélangent et forment... la couleur verte !

9 Poursuivez la même présentation pour les deux autres bouteilles.

10 Lorsque l'activité est terminée, retirez les entonnoirs et fermez les bouteilles.

11 Essayez de récapituler les différentes étapes (« Dans la première bouteille on a mélangé le jaune avec le bleu et on a obtenu... du vert ! ») pour amener l'enfant à généraliser : « On peut donc dire que lorsqu'on mélange la couleur jaune avec la couleur bleue on obtient une nouvelle couleur : le vert. » Procédez de même pour les autres couleurs obtenues (« Dans la deuxième bouteille... »).

12 Vous pouvez consigner ce petit travail dans un carnet d'expériences ou de découvertes, illustré de photos et de gommettes récapitulatives...

Remarque

Expérimentez le mélange d'autres couleurs entre elles : obtient-on une nouvelle couleur ? (Attention ! le noir et le blanc ne sont pas des couleurs...)

Découvrez le pouvoir du blanc (il éclaircit la teinte de base) et celui du noir (il absorbe la teinte de base).

Le Mystère des couleurs, *E. Da Silva et F. Breut, Actes Sud Junior. Une très belle histoire chantée autour des couleurs.*

DE L'OMBRE À LA LUMIÈRE

En lien avec le matériel sensoriel et le matériel de langage.
Une mise en association pour établir une relation entre l'ombre et la lumière et développer des facultés d'observation et de mémorisation.

Points forts

- Raffiner le sens visuel
- Développer la mémoire immédiate
- Comprendre le lien de cause à effet

il vous faut

- 1 boîte
- 6 dessins de clowns différents, que vous pouvez prendre dans les gabarits en fin d'ouvrage
- 6 ombres correspondantes
- 12 cartes blanches carrées (type bristol) 10 x 10 cm
- ciseaux
- colle

Jouer, partager, s'amuser, être surpris, avoir même un petit peu peur… voilà le cocktail de cet atelier !
À la lueur d'une bougie, à la lumière d'une lampe, derrière un drap éclairé ou tout simplement au soleil, l'ombre est une projection mystérieuse qui attire invariablement les enfants.
Comprendre ce phénomène, découvrir l'action que l'on peut exercer, permet de s'initier à une démarche scientifique : voir, explorer, se questionner, échanger, déduire, formuler avec un vocabulaire précis.
Et après les investigations… les représentations !

Les étapes de l'activité

1. Photocopiez et agrandissez les gabarits proposés.
2. Découpez les dessins de clowns.
3. Collez un modèle par carré cartonné.
4. Placez les cartes dans la boîte.

1. Allez chercher la boîte avec l'enfant et réalisez des mises en paires.
2. Mélangez les cartes et invitez l'enfant à le faire.
3. Procédez de la même manière pour faire un jeu de Memory.
4. Lorsque l'activité est terminée, rangez la boîte avec l'enfant et laissez-la à disposition.

Remarque

Variantes : *Réalisez et jouez avec des ombres chinoises.*

Faites un petit théâtre d'ombres.

UTILISER DES CISEAUX

Points forts

- Précision du geste
- Travail de la main
- Concentration

il vous faut

- 1 plateau
- Bandelettes de papier à dessin blanc de 14 cm de long sur 1 cm de haut
- Bandelettes de papier à dessin blanc de 14 cm de long sur 2 cm de haut
- Bandelettes de papier à dessin blanc de 14 cm de long sur 3 cm de haut
- Ciseaux adaptés à l'enfant (taille et latéralisation : droitier/gaucher)
- Règle
- Crayon de papier

Attention ! L'utilisation de ciseaux demande un certain apprentissage. Apprenez à votre enfant à les utiliser à bon escient et à les transporter en tenant la lame au creux de la paume de la main, les doigts repliés sur elle.

En lien avec le matériel de vie pratique et le matériel sensoriel (cabinet de géométrie 2e tiroir, voir lexique).
Un atelier progressif pour prendre le temps de maîtriser le geste et acquérir la dextérité nécessaire à la réalisation de découpes complexes.

La présentation s'effectue en deux étapes…

Étape 1 : la découverte de l'outil

1. Prenez des bandelettes de 14 x 1 cm, et tracez des traits verticaux tous les centimètres.

1. Découpez l'intégralité de la bandelette en effectuant des gestes lents.

2. Invitez l'enfant à le faire à son tour. Le découpage est réalisé par l'enfant sous l'impulsion **d'un seul coup de ciseaux.**

3. Laissez le matériel à disposition.

Étape 2 : la gradation des habiletés requises

1. Elle s'effectue au fur et à mesure de l'intérêt de l'enfant.

1. Prenez des bandelettes de 14 cm x 2 cm, et faites des tracés verticaux tous les centimètres.

2. Découpez l'intégralité de la bandelette en effectuant des gestes lents.

3. Invitez l'enfant à le faire à son tour. Ce découpage nécessite deux coups de ciseaux.

4. Laissez le matériel à disposition.

Quand il y arrive...

1. Prenez des bandelettes de 14 cm x 3 cm, et faites des tracés verticaux tous les centimètres.

1. Découpez l'intégralité de la bandelette en effectuant des gestes lents.

2. Invitez l'enfant à le faire seul. Ce découpage nécessite trois coups de ciseaux.

3. Laissez un plateau à disposition.

Remarque

Quand ces gestes sont maîtrisés, proposez des bandelettes aux difficultés diverses : ligne horizontale continue, ligne courbe…
Réalisez des frises, des guirlandes pour toute la maison !

LE VESTIAIRE DE VALENTINO

Points forts

- Précision du geste
- Raffinement de la coordination oculo-manuelle
- Concentration

il vous faut

- 1 plateau
- 1 paire de ciseaux
- Papier uni ou imprimé de votre choix 6 x 10 cm
- 1 petite boîte vide, sans couvercle
- Petites pastilles adhésives, pâte adhérente repositionnable (Patafix© par exemple) ou colle
- Le gabarit de Valentino (à prendre dans l'annexe p. 181)

En lien avec le matériel de vie pratique et le matériel sensoriel.
Un atelier réalisé avec des ciseaux pour encourager la découpe et développer la créativité.

Valentino est un escargot fort joyeux. Assez coquet, il aime, selon l'humeur et les circonstances, changer de tenue... Grâce au savoir-faire et à la créativité de votre petit styliste, Valentino sera, j'en suis sûre, un escargot comblé ! Attraper et coller des petits carrés d'un centimètre entre le pouce et l'index demande beaucoup de précision. Aussi, il est tout à fait possible de réaliser le vestiaire de Valentino en collaboration : le plus jeune découpe et le plus grand habille ce bel escargot... La mode n'est-elle pas un travail d'équipe ?

Les étapes de l'activité

1. Tracez sur le papier uni ou imprimé 4 bandes similaires de 1 x 10 cm.
2. Tracez des traits tous les centimètres (voir la présentation d'Utiliser des ciseaux p. 68).
3. Découpez 60 carrés d'1 x 1 cm (52 seront nécessaires).
4. Mettez dans la boîte les 52 carrés utiles.
5. Photocopiez et agrandissez le gabarit Valentino.

1. Allez chercher le plateau avec l'enfant.
2. Commencez à disposer, dans quelques carrés de la coquille de Valentino, un petit morceau de pastille adhésive ou un point de colle.
3. Proposez à l'enfant de continuer.
4. Lorsque l'activité est terminée, rangez le plateau avec l'enfant et laissez-le à disposition.

Remarque

Agrandissez encore le gabarit et préparez des bandes de papiers imprimés (de type origami, scrapbooking...) de 2 cm de haut (nécessitant deux coups de ciseaux) sur 2 cm de large. Découpez puis collez les carrés ainsi obtenus. Ici, on peut inverser la collaboration, la découpe, demandant plus de maîtrise, est laissée aux plus grands et la préhension des vignettes, étant plus facile grâce à leur taille, est assurée par les plus jeunes !
Pour modifier l'exercice vous pouvez proposer l'utilisation d'une pince philatélique pour appliquer les différents carrés.

PLIER DU PAPIER EN RECTANGLE, EN CARRÉ

Points forts

- Précision du geste
- Travail de la main
- Raffinement du mouvement volontaire

il vous faut

- 1 petit plateau
- 1 feuille de papier 14 x 14 cm sur laquelle vous avez préalablement tracé une ligne horizontale rouge en son milieu, au recto et au verso
- 1 feuille de papier 14 x 14 cm avec deux droites perpendiculaires qui se croisent au centre, au recto et au verso

En lien avec le matériel de vie pratique et le matériel sensoriel.
Un atelier pour apprendre à plier du papier et mémoriser sensoriellement les formes carrées et rectangulaires.

Les étapes de l'activité

1 Préparez le matériel et disposez-le sur le plateau.

1 Allez chercher le plateau avec l'enfant.
2 Prenez le premier morceau de papier (celui à la ligne horizontale rouge).
3 Mettez les majeurs de part et d'autre de la ligne rouge.
4 Saisissez les deux coins inférieurs entre le pouce et l'index de chaque main.
4 Rabattez les deux coins inférieurs sur les deux coins supérieurs : la ligne rouge apparaît sur la pliure.
5 Posez les deux index au-dessus de la feuille rabattue, dans les coins supérieurs. Les deux pouces viennent aplatir la pliure dans un mouvement du centre vers chaque extrémité.
6 Mettez le morceau de papier ainsi plié sur le haut de la table.
7 Invitez l'enfant à le faire.

Si l'enfant n'éprouve pas de difficulté particulière, poursuivez l'activité.

8 Prenez le deuxième morceau de papier (celui aux lignes perpendiculaires rouges), et placez-le devant vous.
9 Procédez de la même manière que précédemment.
10 Tournez le morceau de papier de la gauche vers la droite afin que le rectangle formé se retrouve à la verticale.
11 Renouvelez l'opération de pliage afin d'obtenir un carré. Les lignes rouges apparaissent sur les pliures.
12 Mettez le papier ainsi plié sur le haut de la table.
13 Invitez l'enfant à le faire.
14 Laissez un plateau à disposition.

Remarque

Pliez du papier en triangle (voir fiche p. 74).

PLIER DU PAPIER EN TRIANGLE

Points forts

- Concentration oculo-manuelle
- Travail de la main
- Raffinement du mouvement volontaire

il vous faut

- 1 petit plateau
- 1 feuille de papier 14 x 14 cm avec une ligne diagonale rouge tracée au recto et au verso
- 1 feuille de papier 14 x 14 cm avec deux lignes diagonales rouges qui s'entrecroisent au milieu au recto et au verso

En lien avec le matériel de vie pratique et le matériel sensoriel.
Un atelier pour apprendre à plier du papier et mémoriser sensoriellement la forme triangulaire.

Après les rectangles et les carrés, voici les triangles !

Les étapes de l'activité

0. Préparez le matériel et disposez-le sur le plateau.

1. Allez chercher le plateau avec l'enfant.
2. Sortez le premier morceau de papier (celui avec une seule diagonale rouge).
3. Tournez la feuille de papier de manière à ce que la diagonale forme une ligne droite face à vous.
4. Mettez les majeurs de part et d'autre de la ligne rouge.
5. Prenez le papier entre le pouce et l'index et rabattez-le sur la ligne rouge.
6. Maintenez le côté rabattu avec les index et aplatissez la pliure avec les pouces dans un mouvement du centre vers chaque extrémité.
7. Mettez le papier ainsi plié sur le haut de la table.
8. Invitez l'enfant à le faire.

Attendez quelques instants. Si l'enfant n'éprouve pas de difficulté, présentez le pliage de la dernière feuille (diagonales rouges croisées)

9. Prenez le second morceau de papier (celui avec les deux diagonales rouges).
10. Tournez la feuille de papier de façon à ce qu'une des deux diagonales forme une ligne droite face à vous.
11. Rabattez le long de la ligne comme décrit précédemment.
12. Tournez la feuille de la gauche vers la droite de façon à ce que le triangle formé se trouve avec une ligne du triangle qui doit être à la verticale par rapport à vous.
13. Renouvelez l'opération afin d'obtenir un petit triangle : les lignes rouges apparaissent sur les pliures.
14. Laissez un plateau à disposition.

Remarque

Découvrez l'origami, cet art japonais du pliage.

CARTES DE VŒUX GRAPHIQUES

En lien avec le matériel de langage (dessins de formes, voir lexique).
Un atelier pour découvrir la tradition des cartes de vœux et valoriser les premiers tracés volontaires.

Points forts

- Découverte de la tradition des vœux
- Approche de l'écriture
- Motricité fine

Il vous faut

- 1 plateau
- 2 carrés de carton ondulé blanc 14 x 14 cm
- 2 feutres-pinceaux de couleurs différentes (ici, rouge et bleu)

Lorsque l'enfant commence à être à l'aise avec la tenue du crayon, proposez la réalisation de lignes verticales sur du papier ondulé. Les rainures de ce support servent de guide et permettent à l'enfant de s'exercer de nombreuses fois.

Les étapes de l'activité

0. Disposez le matériel sur le plateau.
1. Allez chercher le plateau avec l'enfant.
2. Prenez un morceau de carton ondulé et un feutre.
3. En partant de la gauche, commencez à tracer des traits verticaux en alternant la couleur du feutre et le blanc du support.
4. Proposez à l'enfant de continuer.
5. Procédez de la même manière pour l'autre morceau de carton ondulé en alternant cette fois les deux couleurs de feutres.
6. Invitez l'enfant à le faire.
7. Lorsque l'activité est terminée, rangez le matériel avec l'enfant et laissez un plateau à disposition (ajoutez des morceaux de carton ondulé et un pot de feutres).
8. En retournant les morceaux dessinés, vous pouvez tracer avec l'enfant les contours de bracelets rigides (différents diamètres) puis les découper et les fixer sur une feuille de couleur pliée en deux. Ces jolies boules de Noël feront de très jolies cartes de vœux !

Remarque

Réalisez des traits verticaux sur du papier lisse (voir l'atelier « De bien jolis tracés », p. 82).

MARQUE-PAGE DE NOËL

Un atelier de miniaturisation pour approfondir les compétences récemment développées autour des pliages.

Un cadeau à offrir ou à s'offrir pour retrouver la page de son livre préféré et revoir les formes en s'amusant ! Une aventure partagée, un tendre moment de complicité…
Quoi de plus merveilleux qu'un petit rendez-vous lecture dans les bras de ceux qu'on aime ?

Accéder très tôt au monde du livre constitue une vraie chance pour l'enfant et l'adulte qu'il deviendra. La littérature jeunesse regorge de trésors où chacun trouvera son bonheur.

Points forts

- **Motricité fine**
- **Raffinement du mouvement volontaire**
- **Coordination oculo-manuelle**

il vous faut

- **1 plateau**
- **1 rectangle de 21 x 9 cm de papier à dessin bleu (270 g)**
- **7 carrés de 12 x 12 cm origami vert**
- **Ruban adhésif double face**
- **Feutre pailleté argent**

Avant de commencer à lire…
Créez un rituel : les enfants adorent ça, cela leur permet d'anticiper ! Apprenez-lui implicitement à respecter les livres par votre attitude. Vous êtes son premier modèle !

Les étapes de l'activité

0. Disposez le matériel sur le plateau.
1. Allez chercher le plateau avec l'enfant.
2. Observez les différents papiers imprimés.
3. Invitez l'enfant à plier 6 triangles (2 pliages successifs).
4. Pliez, à votre tour, un triangle comme l'enfant.
5. Une fois les triangles prêts, pliez le vôtre une troisième fois et proposez à l'enfant de le faire sur les siens.
6. Quand tous les triangles ont été pliés 3 fois, isolez-en deux et montrez-lui comment le plier une nouvelle fois.
7. Étalez et fixez les 6 triangles sur le rectangle bleu de manière à former un sapin.
8. Ajoutez quelques flocons au feutre argent.
9. Lorsque l'activité est terminée, rangez le plateau avec l'enfant.
10. Laissez à disposition des carrés 12 x 12 cm en prenant soin de tracer des traits de construction (4 pliages successifs) si vous avez remarquez que cette forme n'était pas encore suffisamment bien reconnue.

Astuce : Pour conserver longtemps votre marque-page, pensez à le plastifier !

Remarque

Confectionnez un marque-page japonais avec un pliage typique en forme de poupée. Vous en trouverez facilement en kit dans les magasins de loisirs créatifs, ou bien inspirez-vous des nombreux modèles figurant sur Internet.

J'AIME LA GALETTE

En lien avec le matériel sensoriel et le matériel de langage. Un atelier pour réviser la forme ronde, s'initier aux lignes horizontales et découvrir les quadrillages.

Points forts

- Maîtrise du geste
- Coordination oculo-manuelle
- Découverte de l'histoire de la galette des rois

il vous faut

- 1 plateau
- 1 boîtier à CD simple
- 1 feuille de papier dessin orange
- 1 feuille de papier dessin blanc
- Gouache or ou jaune d'or
- Petit rouleau de peinture

Il était une fois un roi, une reine, de belles princesses et de preux chevaliers... Avec l'Épiphanie nous revisitons l'Histoire, pour la plus grande joie des enfants.

Un dessin de château fort agrandi, peint et fixé au mur devant une table basse, quelques figurines thématiques disposées dessus et voici planté le théâtre d'aventures médiévales ! Une belle opportunité pour découvrir en jouant les rites et les coutumes de l'époque ainsi que le vocabulaire spécifique (vêtements, architecture...). L'occasion également de déguster une belle galette toute ronde et bien dorée !

Les étapes de l'activité

1. Chez le boulanger, observez les différentes lignes dessinées sur les galettes, puis initiez l'enfant, par comparaison, aux lignes diagonales.
2. Découpez un disque de la taille d'un CD dans la feuille de papier à dessin blanc. Faites un trou en son centre.
3. Découpez 8 bandes de 12 x 0,5 cm dans le papier orange.
4. Imprimez le texte de la chanson « J'aime la Galette » et découpez-le pour qu'il s'inscrive dans un carré 11 x 11 cm puis insérez-le dans la partie droite de la boîte de CD.
5. Disposez le matériel sur un plateau.

1. Allez chercher le matériel avec l'enfant.
2. Proposez-lui de peindre le disque à la gouache avec le petit rouleau.
3. Avant que cela ne sèche, commencez à disposer deux bandes espacées sur le disque et invitez l'enfant à placer toutes les bandes préparées.
4. Laissez sécher (la peinture fait office de colle) puis insérez dans la partie gauche du boîtier CD.
5. Lorsque l'activité est terminée, rangez le matériel avec l'enfant et confectionnez ensemble une vraie galette en invitant l'enfant à dessiner les lignes sur la pâte !

Remarque

Réalisez des fèves avec de la pâte à porcelaine froide... et découvrez la fabophilie !

Recette de la galette des rois : préchauffez le four à 210 °C. Froncez un moule à tarte avec une pâte feuilletée du commerce, piquez-la, préparez la frangipane en mélangeant 100 g de beurre mou, 125 g de sucre roux, 200 g de poudre d'amande, 2 œufs, une cuillère à café d'extrait d'amande amère. Étalez cet appareil sur la pâte feuilletée sans oublier d'y ajouter une fève. Refermez avec la deuxième pâte feuilletée et soudez bien les bords des deux pâtes. Dessinez dessus des lignes avec la pointe d'un couteau, puis dorez à l'œuf avant d'enfourner 25 à 40 minutes.

DE BIEN JOLIS TRACÉS

En lien avec le matériel de langage, les dessins de formes (voir le lexique). Un atelier progressif sur les tracés bien connus des Montessoriens !

Cet atelier très apprécié des enfants requiert déjà une certaine habileté manuelle. Aussi, il est important de veiller à ne pas le présenter trop tôt, mais seulement à partir du moment où la main commence à être bien déliée.

Points forts

- Maîtrise de la tenue du crayon
- Travail musculaire continu de la main
- Préparation à l'écriture

il vous faut

- 1 plateau
- Des crayons de couleurs différentes
- Des feuilles blanches 14 x 14 cm

Première présentation (cadre bleu ciel)

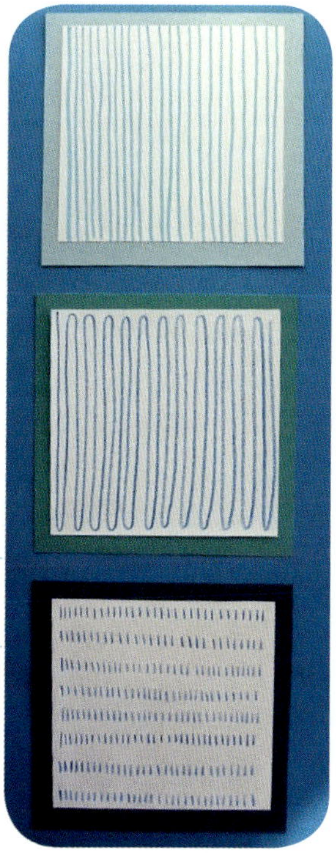

1. Choisissez un crayon de couleur.
2. Disposez le matériel sur un plateau.

1. Allez chercher le plateau avec l'enfant.
2. En partant de la gauche de la feuille, tracez un trait vertical de haut en bas puis relevez le crayon et recommencez en haut à droite de la première ligne effectuée.
3. Remplissez ainsi la feuille.
4. Invitez l'enfant à le faire.
5. Rangez le matériel avec l'enfant.
6. Laissez le plateau à disposition.

Deuxième présentation (cadre bleu moyen)

Procédez de la même manière que pour l'étape précédente mais ici les traits verticaux forment des lignes continues à l'intérieur de la feuille blanche. Le crayon n'est relevé que lorsque la feuille entière est couverte.

Troisième présentation (cadre bleu foncé)

1. Commencez en haut à gauche de la feuille blanche.
2. Effectuez des petits traits verticaux saccadés de gauche à droite en lignes horizontales. Cette dernière présentation demande une maîtrise toute particulière car elle sollicite les articulations du pouce et de l'index.

Remarque

Découvrez les œuvres de Jean Dubuffet, d'Arturo Vermi et celles du peintre contemporain Romero Britto. Et bien sûr… les dessins de formes Montessori (à voir dans le lexique).

JEUX DE SONS, JEUX D'ATTENTION

Points forts

- Raffinement du mouvement volontaire
- Attention auditive
- Préparation à l'écriture et à la lecture

il vous faut

- 1 plateau
- 1 feuille de papier blanc A3 (29,7 x 42 cm)
- 1 gommette verte
- 1 gommette rouge
- 1 crayon à papier (ou de couleur)

En lien avec le matériel sensoriel et le matériel de langage. Un atelier ludique pour se préparer à la lecture et à l'écriture.

Une exploration sonore et graphique qui aide à développer l'habileté de la main et à renforcer l'attention auditive.

Les lignes ondulantes font partie des gestes de pré-écriture[14]. D'abord vagabondes, elles s'élaborent sous un tracé spontané puis finissent, maîtrisées, par refléter le rythme et l'amplitude des sons rencontrés.

14. Lire *Jeux d'éveil à l'écriture,* d'Agnès Daubricourt, Eyrolles, 2014.

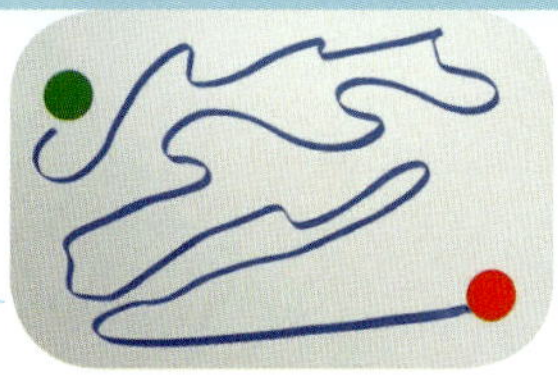

Les étapes de l'activité

1. Préparez le matériel et disposez-le sur un plateau.

1. Énoncez la consigne ci-dessous, puis réalisez vous-même la présentation de l'activité (fredonner) en prenant soin de placer la gommette verte à gauche de la feuille et la gommette rouge à droite, pour respecter le sens de l'écriture.

2. Invitez l'enfant à le faire.

Consignes de base à énoncer à l'enfant

- « Choisis un crayon et place sa pointe sur la gommette verte. C'est le point de départ ! »
- « Dès que tu commences à entendre la musique, promène ton crayon sur la feuille. Tu peux aller où tu veux sur la feuille mais tu ne dois jamais cesser de te promener tant qu'il y a de la musique. »
- « Lorsque la musique s'arrête, rejoins directement et le plus vite possible la gommette rouge : c'est le point d'arrivée ! »

Ces derniers mots créent souvent un peu d'excitation. Lorsque l'activité est réalisée avec deux ou trois enfants, les sourires complices qu'ils s'adressent témoignent de l'aventure commune qu'ils s'apprêtent à vivre...

Premières séances

- Placez la feuille blanche A3 contenant les deux gommettes sur la table, devant l'enfant.
- Invitez-le à choisir un crayon.
- Faites silence.
- À voix basse, demandez à l'enfant de placer son crayon sur le point de départ (gommette verte).
- Commencez à jouer (assez fort) du tambourin, du triangle... ou écoutez un CD !
- Après quelques secondes, lors des premières fois, arrêtez subitement la musique afin que le contraste soit saisissant et permette à l'enfant de faire le lien avec la dernière consigne : rejoindre directement le point d'arrivée (gommette rouge).

Remarque

Effectuez la même présentation en arrêtant le son progressivement.
Allongez ou réduisez le temps d'activité tout comme la dimension de la feuille (de A3 à A5 !).

LES MOTS DOUX

Points forts

- Enrichissement du vocabulaire
- Association d'une sensation et d'un mot
- Approche des notions de sens propre et sens figuré

il vous faut

- 1 plateau
- 1 petite bonbonnière transparente ou un sachet transparent
- 1 feuille de papier glacé A4
- 1 feutre doré

*En lien avec le matériel sensoriel et le matériel de langage.
Un atelier de langage à réaliser ensemble pour introduire les notions de sens propre et de sens figuré.*

PEUR

AMI

GRONDER

BISOU

PAPA

PLEURER

CHÉRI

Dans certaines traditions familiales, il est de coutume de laisser quelque chose au pied du sapin à l'intention du Père Noël.
À ce petit « remontant » fréquemment constitué de biscuits et de chocolat chaud, pourquoi ne pas ajouter un ballotin de mots doux ?
Cette activité langagière consiste à effectuer un tri oral entre des mots doux et des mots qui ne le sont pas. Ceux qui évoquent une impression agréable et ceux qui évoquent une impression désagréable.
Par exemple, les mots « câlin » ou « bisou » procurent des sensations bien différentes des mots « piqûre » ou « méchant »...
La notion de douceur éprouvée en amont au travers des activités proposées (arts visuels, jeux d'exploration, recettes) offre à l'enfant des expériences concrètes auxquelles il peut se référer. Ressentis, identifiés puis nommés, l'enfant devient alors capable d'associer des mots à des sensations.
Une fois sélectionnés, les mots doux sont installés dans un sachet de film cristal.

Suggestion de mots...

- **Mots doux :** ami, chéri, doudou, maman, papa, miel, velours, bisou...
- **Mots durs :** pleurer, peur, gronder, piqûre, vomir, crier, tomber...

Remarque

Réalisez des bocaux avec des thèmes différents (mots longs/mots courts, mots amusants/mots tristes...).

MIEL MAMAN

DOUDOU CRIER

Les étapes de l'activité

> **Remarque**
>
> *Les mots inscrits serviront de tickets de lecture le moment venu…*

1. Découpez une dizaine de bandelettes de 2 x 8 cm environ dans la feuille A4.
2. Disposez sur un plateau le matériel.

1. Allez chercher le matériel avec l'enfant.
2. Proposez à l'enfant de trouver des mots agréables à entendre comme par exemple « doudou » ou « chéri ».
3. Adaptez votre intonation et rendez le contraste saisissant en proposant des mots désagréables à entendre comme « crier » ou « pleurer ».
4. Laissez parler l'enfant et notez très lisiblement les mots doux proposés avec le feutre doré.
5. À la fin de l'activité, déposez toutes les bandelettes pliées en deux dans la bonbonnière et proposez à l'enfant de noter désormais tous les mots doux que vous allez rencontrer.
6. Rangez le plateau avec l'enfant et laissez-le à disposition.

RACONTER UNE HISTOIRE DANS LE NOIR

Points forts

- Concentration auditive
- Développement de l'imaginaire
- Enrichissement du vocabulaire

En lien avec le matériel de langage. Raconter une histoire est toujours un moment privilégié pour les enfants, mais lorsque celle-ci est écoutée dans le noir, on éprouve des sensations particulières…

Pour les plus jeunes, on veillera tout de même à préférer la pénombre à un noir absolu afin de ne pas créer d'anxiété. Les histoires choisies doivent être adaptées à l'âge de votre auditoire et peuvent venir compléter un thème, un intérêt particulier…

Enfin, n'oubliez pas que raconter est bien différent de lire. Soyez attentif à votre diction, au rythme et à l'amplitude de votre voix… À cet instant, vous êtes acteur !

Remarque

Exprimez les sentiments ressentis par votre auditoire. N'hésitez pas à aider votre enfant : « tu as été surpris lorsque… », « tu étais content quand… »

Dessinez un moment de l'histoire.

Mettez à disposition le livre dont vous vous êtes inspiré, l'enfant refera l'histoire ou son histoire, à partir des illustrations

QUI SUIS-JE?

Points forts

- Concentration
- Catégorisation
- Déduction

il vous faut

- 1 petit plateau
- 1 enveloppe blanc format C5
- 1 feuille blanche A4
- 1 stylo
- 1 petite enveloppe doublée
- 1 rond rouge de 6 cm de diamètre
- Colle
- 1 boîte de petite taille
- 4 ronds de 6 cm de diamètre (bleu, vert, rose, rouge)
- 4 ronds de 4 cm de diamètre (noir, orange, jaune, rouge)
- 4 carrés de 6 cm de côté (rouge, orange, jaune, vert)
- 4 carrés de 4 cm de côté (bleu, rose, noir, blanc)
- 4 triangles équilatéraux de 6 cm de côté (bleu, jaune, vert, rose)
- 4 triangles équilatéraux de 4 cm (orange, blanc, rouge, noir)

En lien avec le matériel sensoriel (plateau de présentation du cabinet de géométrie et 1er tiroir, 2e boîte des tablettes de couleur, voir lexique). Un jeu pour renforcer l'acquisition des couleurs, des premières figures géométriques et des notions de grand et petit.

Très tôt, l'enfant aime jouer « à chercher ». Chercher une personne (cache-cache) ou bien un objet (« tu brûles ! »/« tu refroidis ! »). Fondé sur ce principe, ce jeu d'exploration permet d'isoler la pièce recherchée par élimination des autres éléments selon des critères de formes, de tailles et de couleurs.

Préparation de l'activité

1. Prenez la feuille de papier, pliez-la en deux et écrivez les consignes mentionnées ci-dessous.
2. À l'intérieur de la feuille, collez la petite enveloppe et glissez à l'intérieur le rond rouge de 6 cm de diamètre.
3. Fermez la petite enveloppe sans la cacheter.
4. Mettez le tout dans la grande enveloppe blanche et inscrivez-y le titre du jeu : « Qui suis-je ? »
5. Prenez la petite boîte et déposez les différentes formes en vrac.
6. Installez le tout sur un plateau.

Remarque

Réalisez différentes enveloppes pour effectuer d'autres recherches.
Introduisez des éléments de tailles proches.
Ajoutez une ou deux formes supplémentaires (rectangle et ovale, par exemple).

Consignes à noter sur la feuille blanche pliée en deux

1. *Je ne suis pas bleu.* (L'enfant va retirer toutes les formes bleues.)
2. *Je ne suis pas rose.* (L'enfant va retirer toutes les formes roses.)
3. *Je ne suis pas vert.* (L'enfant va retirer toutes les formes vertes.)
4. *Je ne suis pas jaune.* (L'enfant va retirer toutes les formes jaunes.)
5. *Je ne suis pas carré.* (L'enfant va retirer toutes les formes carrées.)
6. *Je ne suis pas petit.* (L'enfant va retirer toutes les formes de petite taille.)

QUI SUIS-JE ?

Les étapes de l'activité

1. Étalez les formes sur un tapis et annoncez à l'enfant que vous cherchez une seule forme d'une couleur bien déterminée.
2. En suivant les consignes contenues dans l'enveloppe et grâce à ses connaissances, il va pouvoir la découvrir…
3. Avant de commencer, proposez de catégoriser les formes : les grands ronds ensemble, les petits ronds ensemble, les grands carrés ensemble…
4. Lorsque l'enfant est prêt, ouvrez la grande enveloppe et commencez à lire la première consigne.
5. L'enfant la réalise, puis vous introduisez la deuxième consigne et ainsi de suite jusqu'à ce qu'il ne reste plus qu'une forme. C'est alors que vous ouvrez la petite enveloppe contenue à l'intérieur de la feuille pour vérifier si la forme trouvée correspond bien à celle que vous cherchiez !

Yoga

Respirations et mouvements pour s'épanouir en s'amusant proposés par Christine Durandeau Dauge, professeur de yoga diplômé de la Fédération française de Hatha Yoga.

DANS LA LUMIÈRE DE NOËL

Pour imaginer et ressentir...

1 Invitez tout d'abord l'enfant à bouger très librement, laissez-le courir, sauter, danser spontanément.

2 Après quelques minutes, proposez-lui de s'allonger sur le dos, les bras et les jambes détendus, les yeux fermés si cela lui convient.

3 Parlez-lui alors d'une voix calme et douce.

4 « Écoute simplement les battements de ton cœur... ta respiration qui va et vient... Petit à petit, respire de plus en plus lentement sans forcer, particulièrement lorsque tu expires (que l'air sort de ton nez).

Après ces quelques respirations qui favorisent la détente, continuez ainsi...

Imagine, ressens aussi parfaitement que possible les images suivantes :

- Un vaste paysage de montagnes enneigées, blanc, lumineux... (chaque image est répétée deux fois après une petite pause)
- Des sapins couverts de neige...
- Un bel attelage de chiens de traîneau...
- Un arbre de noël magnifiquement décoré...
- Une tarte aux myrtilles...
- Un bonhomme de neige...
- Des flocons de neige, légers, tourbillonnant...
- Et toi, les bras ouverts dansant avec eux...
- Un feu crépitant...
- Et toi, te réchauffant près de lui...
- Un chat en boule ronronnant...
- Des cloches sonnant à toute volée...
- Une nuit remplie d'étoiles...

Pour finir

1. Écoute à nouveau ta respiration... Les bruits qui t'entourent...
2. Étire-toi... Ouvre doucement les yeux. »

Remarque

On adaptera le nombre d'images visualisées à l'âge et aux possibilités de l'enfant. Les points de suspension représentent un temps de pause laissé à l'enfant pour ressentir les sensations proposées.

Comptine : POTION MAGIQUE

Une petite comptine pour ne pas s'inquiéter et apprendre des gestes simples qui soulagent.

Hier, j'ai attrapé en vol
Quelques petits microbes à l'école
Et depuis ma voix s'étiole…

Mamie, qui est un peu médecin,
M'a dit : « Ne t'inquiète de rien :
Du miel, du citron, des câlins
Et… tout ira bien ! »

Recette : GRATIN DAUPHINOIS À LA CRÈME

il vous faut

Pour 3 à 4 personnes :
Préparation : 25 minutes
Cuisson : environ 2 heures

- **1 kg de pommes de terre (de variété Chérie, par exemple. Cette pomme de terre a la particularité d'être à chair ferme, elle ne se délite pas au cours de la cuisson)**
- **1 gousse d'ail**
- **Crème liquide**
- **Copeaux de parmesan**
- **Sel, poivre**
- **Herbes de Provence**

1. Faites préchauffer votre four à 160 °C.
2. Épluchez et coupez vos pommes de terre en fines lamelles.
3. Frottez un plat allant au four avec une gousse d'ail.
4. Déposez les lamelles de pommes de terre en couches dans le plat.
5. Recouvrez généreusement de crème fraîche liquide.
6. Salez, poivrez et ajoutez des herbes de Provence.
7. Disposez les copeaux de parmesan sur le dessus du plat.
8. Mettez au four à 160 °C pendant deux heures environ.
9. Surveillez et n'hésitez pas à couvrir le dessus de papier sulfurisé.

Bon appétit !

LE PRINTEMPS

PREMIÈRES FLORAISONS

Points forts

- Connaissance de l'environnement
- Initiation à la botanique
- Motricité fine

il vous faut

- 1 carte de papier calque de correspondance coloris bleu lavande 9 x 13 cm
- 1 feuille A4 de papier à dessin bleu soutenu
- 1 perforatrice qui forme des étoiles de taille moyenne
- Crayon à papier
- Gomme
- 50 cm de raphia vert clair
- 18 cm de raphia bleu
- Ciseaux
- Colle

En lien avec le matériel de vie pratique et le matériel sensoriel (cabinet de botanique).
Un atelier réalisé avec une perforatrice, du raphia et de la peinture.

Observer les fleurs de saison, en apprécier les formes, les tailles, les couleurs… En découvrir les périodes de plantation, de floraison… Voici quelques explorations possibles lorsque l'on se promène dans un jardin, un parc ou une jardinerie. En ce début de saison, si vous choisissez d'accueillir une plante à bulbe, votre enfant pourra observer jour après jour les différentes étapes de son développement et apprendre à en prendre soin.

Les étapes de l'activité

1. Dessinez les contours d'une hampe de jacinthe au crayon à papier.
1. Réalisez des étoiles à l'aide de la perforatrice dans le papier calque.
2. Collez des étoiles sur les contours de la hampe de manière irrégulière et espacée.
3. Gommez les traits de construction apparents.
4. Ajoutez des étoiles dans le centre de l'espace défini.
5. Découpez quatre morceaux de raphia vert et dépliez-en trois.

6 Collez le morceau de papier non déplié dans le prolongement de la hampe pour former la tige.
7 Disposez de part et d'autre de la tige les trois brins de raphia dépliés pour former les feuilles.
8 Arrondissez l'extrémité aux ciseaux, puis collez les feuilles obtenues.
9 Prenez le raphia bleu, pliez-le en deux et faites une boucle.
10 Ajoutez au bas de la tige et collez.

Comparer les cultures

Observez plusieurs variétés de bulbes et diversifiez les sols où ils sont plantés. Effectuez des comparaisons :

1 **Culture en terre :** dans un récipient percé, posez au fond des billes de drainage, puis recouvrez de 2/3 de terre et 1/3 de sable.
2 **Culture sur eau :** particulièrement adapté pour les jacinthes, ce procédé permet d'observer les racines (attention ! la base du bulbe doit toujours être à fleur d'eau). Utilisez un vase de petite taille mais contenant au moins 6 à 8 cm d'eau. Mettez un petit morceau de charbon de bois au fond pour éviter le croupissement de l'eau. Déposez le bulbe afin que le niveau d'eau affleure à sa base. Installez votre bulbe de préférence dans un endroit sombre et frais (10 à 12 °C) pour le démarrage. Lorsque de petites pousses jaunâtres apparaissent, vous pouvez le mettre en pleine lumière à une température modérée, environ 16 à 20 °C. Pensez à maintenir le niveau d'eau de 1 à 2 centimètres sous la base du bulbe, en deçà ce serait préjudiciable pour la plante. La floraison aura lieu environ 1 mois à 1 mois1/2 plus tard, et si vous la maintenez à une température modérée (18 °C), elle fleurira longtemps[15].
3 **Culture sur billes :** appelée aussi « culture à la chinoise ». Elle convient bien aux crocus et aux narcisses. Il faut remplir la moitié d'une coupe avec des billes de drainage et les couvrir d'eau jusqu'en haut des bulbes. Ajoutez une nouvelle couche de billes pour qu'ils soient bien maintenus.

Remarque

Illustrez par des photos ou des dessins les moments significatifs de la croissance de la plante. Étalez vos productions dans le désordre, puis essayez de les remettre dans l'ordre (images séquentielles : le bulbe « nu », l'apparition de la tige et des feuilles, leur croissance, la formation et l'épanouissement de la fleur).

15. www.truffaut.com

MON PETIT POTAGER

Points forts

- Découverte du vivant
- Initiation au jardinage
- Motricité fine

il vous faut

- De la peinture verte de deux tons différents
- Peinture blanche
- 1 feuille A4 de papier à dessin blanc
- 1 feuille A4 de papier cartonnée blanche
- 3 petites perles de laine rose foncé
- Pinceau
- Colle
- Ciseaux

En lien avec le matériel sensoriel (cabinet de botanique).
Un atelier réalisé avec des perles de laine et de la peinture.

En attendant la récolte, pourquoi ne pas réaliser une jolie signalétique en relief pour indiquer les semis ?
Voici venue la joyeuse période des semis, et les radis sont en tête des graines à planter tant ils sont faciles à cultiver ! Plantez les graines dès le mois de mars, les premières récoltes auront lieu trois à cinq semaines plus tard selon les variétés.
Un excellent support pour s'initier aux plaisirs du jardinage, apprendre à entretenir ses cultures et percevoir concrètement la notion du temps qui passe !

Les étapes de l'activité

1 Sur le papier à dessin, dessinez des feuilles de radis à main levée d'environ 8 x 6 cm.

1 Peignez les feuilles de radis avec les deux tons de vert.

2 Laissez sécher.

3 Découpez les feuilles peintes et collez-les sur la feuille cartonnée.

4 Prenez les perles de laine et peignez leurs extrémités en blanc.

5 Laissez sécher.

6 Modifiez, si vous le souhaitez, le format de la feuille cartonnée en fonction de vos goûts (découpez en carré, en rectangle... n'oubliez pas, dans ce cas, de prévoir de l'espace pour les perles de laine).

7 Collez les perles dans le prolongement des feuilles de radis.

Remarque

Photographiez et plastifiez cette réalisation pour l'utiliser en signalétique extérieure !
Découvrez les peintures potagères de Giuseppe Arcimboldo.
Cultivez un petit espace dédié à la culture potagère grâce à ce très bel ouvrage Jardin gourmand bio, *Chrystel Ferré et Elisabeth Piquet, Le Sablier Jeunesse.*

CAROTTES PRIMEUR

Points forts

- Découverte du vivant
- Initiation au jardinage
- Coordination des deux mains

il vous faut

- 1 plateau
- Pâte à modeler orange ou autodurcissante (en fonction de l'âge)
- 1 cure-dent
- 3 brins de raphia vert clair
- 12 petits morceaux de croquet (sorte de galon) en velours vert pâle
- Ciseaux
- Colle et ruban adhésif double face
- Crayon de papier
- 1 feuille A4 de papier à dessin cartonné

En lien avec le matériel de vie pratique et le matériel sensoriel.
Un atelier réalisé avec de la pâte à modeler pour les plus jeunes ou de la pâte autodurcissante pour les plus grands (à partir de 5 ans).

Plantées entre mars et juillet, les carottes pourront être dégustées 12 à 16 semaines plus tard en fonction de la région et de la variété choisie.

Les étapes de l'activité

1 Préparez le matériel et disposez-le sur un plateau.

1 Prenez trois morceaux de pâte (à modeler ou autodurcissante).

2 Roulez un à un chaque morceau pour lui donner une forme conique de carotte.

3 Aplatissez le haut et pincez légèrement le bas.

4 Faites quelques petits traits inégaux avec la partie plate d'un cure-dent.

5 Assemblez les carottes en « botte » et fixez-la sur la feuille à l'aide du ruban adhésif double face.

6 Collez dans le prolongement trois brins de raphia qui feront les tiges vertes.

7 Disposez et collez des morceaux de croquet sur le haut des tiges de raphia pour faire de petites fanes.

À vos fourneaux

Nouvelle avec ses immenses fanes, miniature ou « de sable »... Dégustée crue, cuite ou en jus, la carotte se découvre dans tous ses états !
Par exemple, vous pouvez préparer un gâteau de carotte, ou carrotcake :

1 Préchauffez le four à 180 °C.

2 Mixez 2 grosses carottes crues

3 Ajoutez 75 g de beurre salé fondu ou en pommade, 75 g de sucre, 1 œuf, 100 g de farine, 1 cuillère à café de cannelle et 1 sachet de levure.

4 Versez la préparation dans un moule beurré, et enfournez 30 à 45 minutes.

Remarque

Après avoir réalisé des nomenclatures généralistes sur les légumes (tous types de légumes confondus), introduisez des classifications. Commencez par établir des comparaisons entre ceux que l'enfant a déjà observés : le radis et la carotte par exemple (similitudes : racines formant un pivot central, feuilles aériennes... différences : couleurs, formes, goûts...). Découvrez ensuite les autres membres de la famille « légumes racines » (navet, céleri-rave, betterave, panais, radis noir...) grâce aux nombreux étals des marchés !

Un ouvrage à ne pas manquer : Au plaisir des légumes, *de Lise Coutin, Albin Michel.*

POISSON D'AVRIL

Points forts

- Découvrir la tradition du poisson d'avril
- Créativité
- Motricité fine

il vous faut

- 1 plateau
- Gabarit d'un poisson (main levée ou internet)
- 1 feuille de papier blanche (270 g)
- Morceaux de papier de soie multicolores
- Feutres pinceaux
- Vernis colle
- Pinceau plat

En lien avec la vie pratique et le matériel sensoriel (biologie). Un atelier pour réaliser un poisson jovial avec des petits morceaux de papier de soie multicolores !

Le printemps peut être l'occasion de sensibiliser les enfants au monde marin grâce aux facéties de son fameux « poisson d'avril ». Vous pourrez découvrir la diversité des espèces et des environnements aquatiques au cours de la visite d'un aquarium.

Les étapes de l'activité

1. Dessinez ou reportez le gabarit d'un poisson sur la feuille cartonnée.
2. Disposez le matériel sur un plateau.
1. Déchirez de petits morceaux de papier de soie multicolores.
2. Disposez le matériel sur un plateau.
3. Roulez ces morceaux entre les doigts pour obtenir des boulettes.
4. Disposez sur le corps quelques petites boules en commençant près de la tête.
5. Encollez immédiatement et généreusement avec le vernis colle (appliquez au pinceau sur les boulettes).
6. Proposez à l'enfant de continuer.
7. Laissez sécher.
8. Lorsque l'activité est terminée, rangez le matériel avec l'enfant.
9. Laissez-le à disposition pour un éventuel coloriage ultérieur.

Remarque

Organisez une grande partie de pêche à la ligne avec des poissons (petits paquets contenant diverses surprises agrémentées d'un crochet afin que les enfants puissent les attraper grâce à leurs cannes à pêche) multicolores ! Un exercice très ludique de coordination oculo-manuelle !

PÂQUES APPROCHE…

Points forts

- Découverte de la tradition de la fête de Pâques
- Raffinement du sens tactile
- Motricité fine

il vous faut

- 1 plateau
- 1 coupelle de grains de maïs secs (environ 20 g)
- 1 coupelle de haricots blancs secs (environ 20 g)
- 1 coupelle de pois chiches secs (environ 35 g)
- 1 plus grande coupelle vide
- 3 gabarits identiques de poussins à prendre sur Internet
ou à réaliser à main levée
- 1 feuille A4 cartonnée de couleur jaune pâle
- 1 feuille 24 x 32 cm de couleur jaune vif (240 g)
- Vernis colle
- Ruban adhésif double face
- Ciseaux

En lien avec le matériel sensoriel (trier des graines, voir lexique). Un atelier réalisé avec des graines préalablement triées.

Cette activité a pour but d'affiner le sens tactile. Elle est l'aboutissement d'une progression mise en place au fil des mois. L'enfant, tout d'abord initié aux notions de lisse et de rugueux (p. 28 et 30) puis à la reconnaissance de différentes fibres (p. 56 et 58), accède ici, avec le tri des graines en aveugle, à une gradation plus subtile encore.

1e étape : trier les graines en aveugle

1. Préparez le matériel et disposez-le sur un plateau.

1. Installez devant vous le petit plateau contenant les trois coupelles pleines.
2. Touchez longuement chaque sorte de graine.
3. Videz le contenu des trois coupelles dans la grande coupelle vide.
4. Mélangez les graines.
5. Isolez la vue (regardez un point fixe ou fermez les yeux).
6. Commencez à trier l'intégralité des graines uniquement au toucher, à tâtons, et remettez-les dans leurs récipients respectifs.
7. Invitez l'enfant à le faire.
8. Rangez le matériel et laissez un plateau à disposition.

2e étape : mise en scène des graines

1. Reportez les trois gabarits sur la feuille cartonnée et découpez-les.

1. Prenez le premier poussin et mettez un peu de vernis colle sur le corps, en commençant près de la tête.
2. Disposez quelques grains de maïs sur la colle et poursuivez ainsi pour l'intégralité du corps et le haut de la tête.
3. Laissez sécher.
4. Procédez de la même façon pour le deuxième poussin (haricots blancs) et le troisième (pois chiches).

Remarque

Effectuez un tri identique avec une quatrième graine. Exemple : flageolets. Réalisez un dessin (figuratif ou abstrait) auquel vous associerez un assortiment de graines au gré de votre créativité. Exemple : un oiseau avec une tête en grains de café, un œil en haricot blanc, un bec en graines de tournesol, un corps en grains de riz et des aile(s) en grains de maïs.

ŒUF CONTEMPORAIN

Points forts

- Approche de l'art contemporain
- Créativité
- Approche scientifique (hypothèses, observations, déductions, conclusions)

il vous faut

- 1 plateau
- 6 gabarits de belle taille
- 3 feuilles de papier à dessin (180 g)
- Gouaches de différentes couleurs
- 1 tube de paillettes dorées
- 1 essoreuse à salade à manivelle
- 1 coupelle

En lien avec le matériel de vie pratique, le matériel de mathématique et de langage.
Une approche artistique de la force centrifuge. Un atelier qui détourne un objet usuel (essoreuse à salade) et le transforme en technique picturale…

Avant de commencer cet atelier, laissez l'enfant explorer l'essoreuse à salade !
Laissez-le regarder, toucher, tourner la manivelle pour comprendre que celle-ci entraîne la rotation du panier. Vient alors la question de la fonction (« À quoi ça sert ? »), et du procédé (« Comment ça fonctionne ? »)… Encouragez l'enfant à formuler des hypothèses et vérifiez-les ensemble avec quelques feuilles de salade bien humides. Lorsque le principe de la force centrifuge sera compris (« En tournant très vite, on va séparer l'eau de la salade »), vous pourrez introduire l'activité ci-dessous. Les traces de couleurs seront alors la preuve concrète de cette découverte !

Préparation de l'activité

1. Dessinez ou imprimez le gabarit d'un œuf format A5.
2. Reportez ce gabarit 6 fois sur les feuilles de papier et découpez-les.
3. Mettez les paillettes dans la coupelle.
4. Disposez le matériel sur un plateau.

Les étapes de l'activité

1. Allez chercher le plateau avec l'enfant.
2. Choisissez 3 couleurs et exercez une pression de peinture au-dessus d'un gabarit.
3. Déposez ce gabarit dans l'essoreuse et ajoutez une pincée de paillettes.
4. Tournez rapidement en maintenant le couvercle.
5. Ouvrez et… Découvrez !
6. Invitez l'enfant à le faire.
7. Lorsque l'activité est terminée, rangez le matériel avec l'enfant.

Remarque

Découvrez les œuvres de Jackson Pollock ou de Sam Francis, faites part de vos impressions, réalisez des coulures, des éclaboussures avec de l'encre, de la gouache ou de l'acrylique. Utilisez différents supports, différents plans (verticaux, horizontaux) et observez leurs trajets.

Découvrez « le jeu de peindre » d'Arno Stern, un atelier libre d'expression créative où chacun peut exprimer ses envies (www.arnostern.com).

GÉOMÉTRIE GOURMANDE

Points forts

- Approche des volumes
- Raffinement sensoriel
- Enrichissement du vocabulaire

En lien avec le cabinet de géométrie et les solides géométriques.
Un atelier en forme de révision festive pour « ne jamais perdre une occasion de s'instruire[16] » !

Ce matin, dans mon jardin, j'ai découvert…

Des macarons parfumés
Des pâtes de fruits variées
Des berlingots rayés
Des tablettes fourrées
Des chocolats carrés
Des cœurs en forme de sablés
Et… de beaux œufs tout décorés !

16. *La Gloire de mon père,* de Marcel Pagnol, Éditions de Fallois.

Avant de se régaler, essayons de reconnaître les formes géométriques proposées !

- « Rond comme... »
- « Carré comme... »
- « Rectangulaire comme... »
- « Triangulaire comme... »
- « Ovale comme... »

Et encore...

- « Le carré de chocolat est-il tout à fait pareil que le carré de la pâte de fruits ? » (On aborde la différence entre le carré et le cube.)
- « Le berlingot est-il vraiment triangulaire ? » (De même, on aborde la forme pyramidale.)
- « En sentant ce joli macaron vert, reconnais-tu son parfum ? »
- « L'odeur de cette pâte de fruit te fait-elle penser à un parfum en particulier ? »

Allez... On vérifie ?

Remarque

Découvrez les spécialités de votre région, de votre pays... Travaillez en lien avec le matériel de géographie (globe, mappemonde), pour situer les lieux.

QUAND TAILLER UN CRAYON DEVIENT UN ART

En lien avec le matériel de vie pratique et le matériel sensoriel (biologie).
Un petit atelier créatif pour solliciter le poignet horizontalement (intérieur/extérieur).

Points forts

- Travail du poignet
- Créativité
- Motricité fine

Il vous faut

- 1 plateau
- 1 boîte vide avec un couvercle
- 1 gabarit de paon de face qui fait la roue (Internet)
- 1 pot de crayons de couleur à tailler
- Taille-crayon
- Vernis colle
- Pinceau plat

Des copeaux de crayons multicolores pour parure ! Visiter un parc animalier au printemps procure toujours une joie particulière… En cette « saison des amours », la nature se pare de ses plus beaux atours et le paon n'échappe pas à la règle ! Pour plaire à sa belle, il déploie ses ailes majestueuses en « roue » sous les yeux ébahis des enfants…

Étape 1 : Tailler des crayons

1. Disposez sur un plateau le pot de crayons de couleurs à tailler, le taille crayon et la boîte.

1. Allez chercher le matériel avec l'enfant.
2. Taillez un premier crayon puis proposez à l'enfant de continuer.
3. Lorsque l'activité est terminée, videz les copeaux sur le plateau et demandez-lui de garder ceux qui lui plaisent dans la boîte.
4. Rangez le matériel avec l'enfant et laissez le plateau à disposition.

Étape 2 : Utiliser les copeaux

1. Disposez sur un plateau la boîte contenant les copeaux, les crayons de couleur, la plume, le gabarit et le vernis colle.

1. Allez chercher le matériel avec l'enfant.
2. Proposez-lui de colorier le paon puis encollez à l'endroit des plumes.
3. Invitez l'enfant à disposer les copeaux à sa convenance.
4. Lorsque l'activité est terminée, rangez le matériel avec l'enfant.

Remarque

Découvrez le langage amoureux de certains animaux : Les Animaux amoureux, *de Pascal Picq et Éric Travers, Hachette Jeunesse, livre et CD (un DVD est également disponible :* Les Animaux amoureux, *de Laurent Charbonnier, TF1 vidéo).*

LIGNES ONDULANTES

Points forts

- Approche de l'art contemporain
- Créativité
- Motricité fine

il vous faut

- 1 plateau
- 1 feuille cartonnée 20 x 20 cm sur laquelle est collée une « mosaïque » multicolore (morceaux de papier et ronds divers)
- 1 coupelle contenant des croquets (galon) de différentes couleurs, textures et lon-gueurs
- Frises de papier (longueurs variées)
- Petits sujets (fleurs, feuilles, cœurs...) comprenant des formes courbes

En lien avec le matériel de vie pratique, le matériel sensoriel et le matériel de langage.
Un atelier d'assemblages et de superpositions créatives inspiré du travail de Beatriz Milhazes, peintre contemporain brésilienne. Une approche sensorielle des ondulations, de leurs rythmes et de leurs amplitudes.

Les kaléidoscopes proposent des exubérances chromatiques associées au mouvement qui enthousiasment les petits et même les grands ! Regardez, observez, laissez-vous émerveiller... Découvrez les tableaux du peintre Beatriz Milhazes[17]. Essayez de décrire vos impressions, identifiez les formes, les couleurs, parlez de la lumière... Puis, proposez une retranscription de cette profusion autour d'une thématique : les lignes ondulantes.

Les étapes de l'activité

1. Disposez sur un plateau le matériel préalablement préparé.

1. Allez chercher le matériel avec l'enfant.

2. Prenez la feuille cartonnée et placé la coupelle sur le côté.

3. Étalez, un à un, tous les éléments en commençant par le côté gauche.

4. Commencez à les disposer à votre convenance sur la feuille puis invitez l'enfant à le faire.

5. Lorsque tous les éléments ont été placés, Appréciez le résultat.

6. Retirez un à un tous les éléments.

7. Rangez le matériel avec l'enfant et laissez-le à disposition.

Remarque

Confectionnez des lignes ondulantes dans des matériaux semi-rigides : papier aluminium, pâte à modeler... qui pourront être, par exemple, le point de départ de réalisations en relief (sur le thème de la mer, de la montagne...).

17. Beatriz Milhazes, présentation de ses œuvres, éditions de la Fondation Cartier pour l'art contemporain.

CYLINDRES SONORES

En lien avec le matériel sensoriel (boîtes à bruits) et le matériel de langage.
Un petit atelier de mises en paire et de gradation des sons pour affiner sa perception auditive.

Points forts

- Raffinement du sens auditif
- Exploration sonore
- Enrichissement et organisation des perception

il vous faut

- 1 plateau
- 6 tubes vides avec leur bouchon (vitamine, aspirine...)
- 65 x 65 cm de feutrine autocollante bleu ciel et bleu nuit
- 10 à 15 g de deux graines très différentes (maïs, graines de lin...)

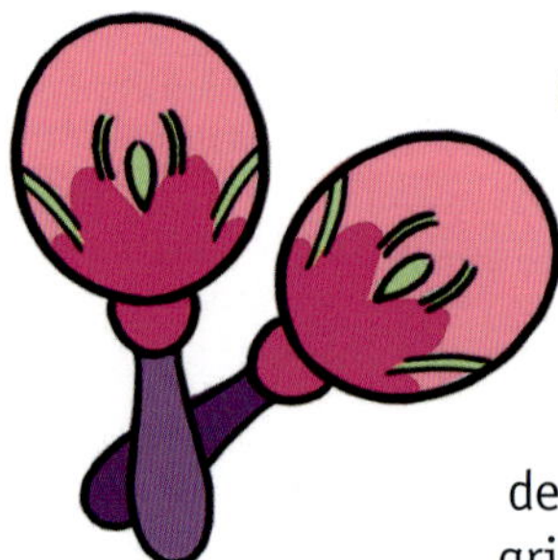

En prêtant l'oreille
ce matin j'ai
reconnu...
un oiseau chanter,
une mouche voler,
une cuillère tomber,
des tartines de pain
grillé sauter et...
mon papa chuchoter !

Identifier les sons qui nous entourent permet à l'enfant de mieux se repérer dans son environnement et ainsi de développer sa confiance en lui.
C'est aussi l'occasion d'enrichir son vocabulaire et de découvrir les notions comparatives (un son plus fort que..., moins fort que...) et superlatives (le son le plus léger..., le moins fort...).

Préparation

1. Enroulez trois tubes dans de la feutrine autocollante bleu ciel.
2. Enroulez trois tubes dans de la feutrine autocollante bleu nuit.
3. Remplissez chaque tube aux deux tiers comme suit :
   - Une paire bleu ciel/bleu nuit contenant des graines de lin (mettre le même poids dans chaque tube pour obtenir un son identique).
   - Une paire bleu ciel/bleu nuit contenant des grains de maïs (mettre le même poids dans chaque tube pour obtenir un son identique.).
   - Une paire bleu ciel/bleu nuit ne contenant rien, ce sont des « cylindres à silence » !

Les étapes de l'activité

1. Allez chercher le plateau avec l'enfant.
2. Sortez un à un les tubes bleu nuit et disposez-les en ligne, les uns devant les autres.
3. Procédez de la même manière pour les tubes bleu ciel.
4. Prenez un cylindre bleu nuit. C'est votre son de référence.
5. Approchez le cylindre de votre oreille et secouez-le énergiquement : écoutez.
6. Faites de même avec le cylindre bleu ciel.
7. Renouvelez l'opération une ou deux fois en alternant.
8. Si, pour vous, les deux cylindres produisent le même son, assemblez-les côte à côte.
9. Procédez de la même manière pour les deux autres cylindres.
10. Dispersez les paires en mélangeant les cylindres.
11. Invitez l'enfant à le faire puis rangez et laissez le matériel à disposition.

Remarque

Augmentez le nombre de cylindres (cinq ou six paires). Lorsque l'enfant est à l'aise avec les mises en paires, proposez des gradations avec une seule série en commençant par le cylindre dont le son est le plus fort ou le plus faible pour avoir un point de repère.

Découvrez le matériel « des clochettes » mis au point par Maria Montessori et la pianiste et compositrice Marie Jaëll. Un ensemble composé de 13 clochettes indépendantes correspondant à la gamme en do majeur. Elles permettent la mise en paires des notes de la gamme par reconnaissance auditive, puis le classement ainsi que la notation avec les cartes associées.

SUR LA PISTE DES RONDS

Points forts

- Reconnaissance visuelle de la forme ronde
- Attention/concentration
- Capacité à généraliser

il vous faut

- Un appareil photo numérique
- Une ou plusieurs « paires d'yeux » !

En lien avec le matériel sensoriel (cabinet de géométrie).
Un atelier pour, à l'école ou en famille, partir à la recherche des formes rondes qui nous entourent !

Avant de commencer cet atelier, assurez-vous que l'enfant reconnaît facilement cette forme. Demandez-lui par exemple de vous apporter deux ou trois objets ronds, n'importe lesquels, situés dans votre environnement proche (vérifiez auparavant que plusieurs objets ronds vous entourent !). Si votre « test » est positif, vous pouvez démarrer l'activité. Dans la négative, il est préférable de reporter ce petit travail et de revoir tranquillement cette notion.

Les étapes de l'activité

1. Allez chercher avec l'enfant votre appareil photo.
2. Proposez-lui de jouer au détective en cherchant et en photographiant les formes rondes qui se cachent un peu partout autour de vous. Des prises électriques aux feux de la circulation, des cadrans d'horloges au coucher du soleil... Vous serez surpris par le nombre de formes rondes qui nous entourent !
3. Commencez par prendre les photos puis, dans la mesure du possible, invitez l'enfant à le faire en prenant bien soin de fixer l'appareil autour de son cou.
4. Lorsque votre album sera constitué, commentez-le ensemble et imprimez-le, avant de l'afficher sur un « mur d'exploration ».
5. Dans la mesure du possible, laissez à disposition un appareil photo pour enfants après avoir pris le temps d'en expliquer le fonctionnement.

Pour aller plus loin

Effectuez la même recherche dans des reproductions graphiques d'œuvres d'art. Du cercle le plus évident au plus subtil (à titre d'exemples : *La Nuit étoilée* et *Le Semeur au soleil couchant* de Vincent van Gogh, *Friends from Town : Dining Room Scene* et *Young Girl at a Grand Piano* de Carl Larsson, *Helping Hands* et *Foreign Children* de Jessie Willcox Smith, *Le Poisson chantant* de Joan Miro, *Impression au soleil levant* de Claude Monet, *Boulevard vu d'en haut* de Gustave Caillebotte...).

UN SIGNE POUR UN MOT

Points forts

- Attention, concentration, maîtrise de soi
- Mémorisation et coordination des gestes
- Sensibilisation à la différence

En lien avec « la leçon de silence » (voir lexique).
Un atelier de jeux d'exploration ludiques réalisé avec des gestes codés très simples issus de la LSF (langue des signes française).

Utilisée seule ou associée à la parole, la langue des signes favorise l'attention, la concentration et la maîtrise de soi. Elle constitue également, par les questions qu'elle suscite, une excellente sensibilisation aux enfants porteurs de handicap.

La langue des signes est un langage gestuel conçu pour les personnes sourdes ou malentendantes. Il ne s'agit pas ici, bien sûr, de l'apprendre en tant que telle, mais d'utiliser certains signes pour favoriser l'attention, la concentration, développer la mémorisation et renforcer la coordination gestuelle. Utilisé conjointement à la parole, le signe aide l'enfant à fixer son attention en lui permettant d'utiliser deux canaux sensoriels : l'audition et la vue.

Tout d'abord associé à la voix lors d'une histoire contée (comme des « jeux de doigts » à grande échelle), puis employé pour formuler des demandes partiellement silencieuses, la langue des signes sollicite de la part de l'enfant, en pleine période sensible du mouvement, une maîtrise psychique et motrice importante.

Préparation

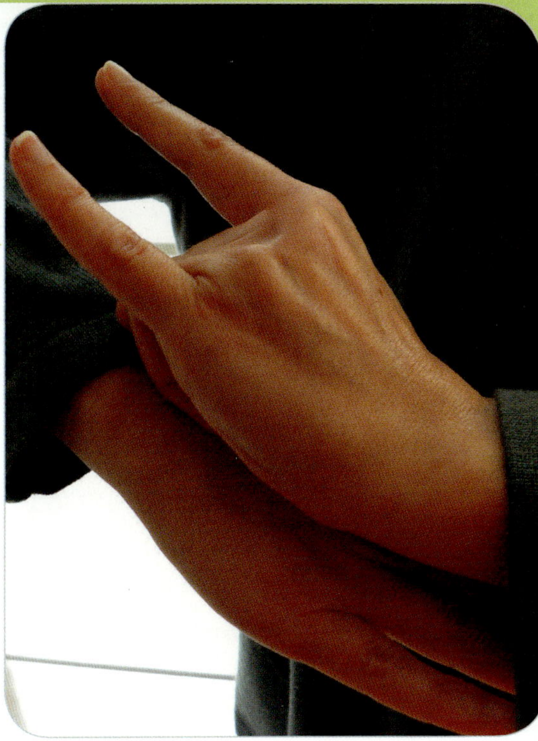

1. À partir d'un récit adapté sur ce handicap (*Les Mains qui parlent*, de Brigitte Marleau, aux éditions Boomerang par exemple), l'enfant est amené à s'interroger sur les difficultés rencontrées par le petit héros. Il est ensuite invité à découvrir quelques signes (noms de deux ou trois animaux, par exemple), puis, petit à petit à constituer un répertoire de mots courants (couleurs, formules de politesse, objets du quotidien). Ces compétences nouvelles sont alors réinvesties au travers d'histoires contées par l'adulte avant de faire l'objet d'activités particulières.

Les étapes de l'activité

1. Installé devant des figurines d'animaux, demandez à l'enfant, au travers du signe adapté, de vous donner un animal déterminé : « Pourrais-tu, s'il te plait, me donner le chat ? » (demande silencieuse nécessitant 1 signe)… Si l'enfant n'éprouve pas de difficulté, proposez-lui de signer à son tour, ils adorent ça et c'est excellent pour la coordination gestuelle.

2. En fonction des connaissances acquises, installez-vous devant des figurines d'animaux de la ferme et demandez par exemple : « Pourrais-tu me donner un lapin gris ? » (2 signes) ; « Pourrais-tu me donner deux chevaux noirs ? » (3 signes)…

Remarque

Découvrez les très jolis livres de Brigitte Marleau, auteure et illustratrice québécoise, dans une collection spécialisée destinée au jeune public (dès 3 ans). Une façon claire et attachante d'aborder toutes sortes de différences : l'autisme, la dyslexie, le trouble de l'attention… Collection « Au cœur des différences », éditions Boomerang.

Vous serez très vite amené, face à l'enthousiasme de l'enfant, à construire des phrases entières ! Veillez cependant à ce que les séances soient brèves, surtout au début, car les efforts de concentration sont intenses. Voici quelques incontournables : Mes premières comptines gestuelles, 5 comptines illustrées (édité par l'association Signes 2mains) où vous trouverez à gauche les signes dessinés et à droite le texte et les phrases explicatives ; L'Aide au langage, joindre le geste à la parole (de Laurence Courtois-Suffit, éditions Monica Companys), un livre conçu par une orthophoniste, avec un cédérom de trois histoires traditionnelles racontées et signées simultanément. Découvrez également le dictionnaire visuel de la LSF (www.sematos.eu). Écrivez un mot dans la barre d'outils et découvrez le signe correspondant en vidéo !

Comptine : LE JARDIN ANGLAIS

Une petite comptine qui personnalise les légumes pour encourager les enfants à en consommer !

Dans un jardin anglais
une laitue et un brocoli
discutent de leurs soucis.

En effet ce matin
le petit prince a dit :
« Pas de légumes ces jours-ci ! »

Quelle catastrophe pour nos amis
qui dans quelques heures seront rabougris !

Heureusement, Maman sait que pour bien grandir
ces aliments sont essentiels tout comme les fruits.

Alors vers midi, elle a cueilli de beaux radis
qui ont rougi d'avoir été choisis !

Yoga

Respirations et mouvements pour s'épanouir en s'amusant proposés par Christine Durandeau Dauge, professeur de yoga diplômé de la Fédération française de Hatha Yoga.

LA VIE, C'EST LE MOUVEMENT !

Pour synchroniser ensemble le mouvement et la respiration

Avec 6 enfants par exemple

Comme une fleur... qui s'ouvre et se ferme au rythme de l'inspiration et de l'expiration

1. Placez-vous en cercle.
2. Chacun a les fesses sur les talons, le front au sol, les bras contre les oreilles, tendus vers le centre du cercle.
3. Toutes les mains se rejoignent ainsi au centre du cercle. C'est la position de départ et celle que l'on retrouvera sur les expirations (en laissant sortir l'air par le nez).
4. En inspirant (en laissant entrer l'air par le nez) : le mouvement partant du bout des doigts, les bras contre les oreilles, chacun se redresse sur les genoux puis ouvre les bras sur les côtés (à hauteur des épaules), les paumes des mains tournées vers le ciel.
5. La ronde forme ainsi la corolle d'une fleur largement ouverte.
6. Continuez ainsi en synchronisant bien le mouvement et la respiration dans une harmonie d'ensemble... comme une fleur qui s'ouvre et se ferme au rythme de l'inspiration et de l'expiration.

Pour assouplir la colonne vertébrale
en synchronisant le mouvement à la respiration

Comme un chat qui s'étire

Le chat est plein d'enseignement !
Observez avec l'enfant la souplesse de ses mouvements, sa concentration lorsqu'il chasse, la détente de tout son corps lorsqu'il s'abandonne au soleil...

Adressez-vous ainsi à l'enfant :

1. Installe-toi les fesses sur les talons, le front sur le sol, les bras bien étirés contre les oreilles, puis monte sur les genoux pour te retrouver à quatre pattes (le bassin légèrement en arrière) et imite le chat...

2. **En expirant** (en laissant sortir l'air par le nez), arrondis lentement le dos, du bassin jusqu'à la nuque. En fin d'expiration la tête rentre pour regarder le ventre.

Comme un chat qui s'étire (suite)

3 **En inspirant** (en laissant entrer l'air par le nez), creuse lentement le dos, du bassin jusqu'à la nuque. En fin d'inspiration, la tête se redresse pour regarder devant.

4 Continue ainsi au rythme de ta respiration, aussi lente que possible… comme un chat qui s'étire.

Pour développer la conscience corporelle tout en se détendant

Une visite surprise

Adressez-vous ainsi à l'enfant :

1. Allonge-toi sur le dos et laisse ton corps devenir de plus en plus mou, expiration après expiration... Si tu le peux, ferme les yeux pour ressentir l'histoire que je vais te raconter...
2. Imagine-toi allongé dans l'herbe par une belle journée... le soleil brille... l'air est léger... tu es bien...
3. Un tout petit chaton se rapproche de toi... délicatement, il monte sur un de tes pieds... et remontre le long de ta jambe... Sens ses petites pattes... sa douceur...
4. Puis il fait la même chose de l'autre côté : monte délicatement sur le pied... et remonte le long de la jambe...
5. Il continue ainsi sur un bras... puis sur l'autre...
6. Il approche maintenant son nez du tien... Ses moustaches chatouillent ton visage... Il explore une joue... puis l'autre... une paupière... puis l'autre... ton cou...
7. Le petit chaton ronronne... écoute-le ronronner... sens-le s'installer sur ton ventre... ressens sa chaleur... dans tout ton corps... jusqu'au bout des pieds... des mains... jusqu'au sommet de la tête... tu es bien...
8. Lorsque tu en auras envie, étire-toi et ouvre les yeux.

Les points de suspension représentent un temps de pause laissé à l'enfant pour ressentir les sensations proposées.

Recette : PREMIERS PIQUE-NIQUES...

il vous faut

Pour 4 personnes :

- Des petits légumes primeurs croquants (tomates cerises, minicarottes, maïs, pois gourmands mais aussi radis, navets...)
- Une boîte de 6 œufs vide et propre
- 8 tranches de pain au petit épeautre (ou de pain complet)
- 8 tranches de coppa
- 200 g de chèvre frais
- 2 cuillères à soupe de ciboulette ciselée
- 100 g de jeunes pousses d'épinards lavées
- 400 g de compote pomme/poire/spéculoos
- Du film plastique pour emballer
- Des serviettes
- Un petit panier

Pour la compote :

- 3 pommes belchard, ou pommes clochard
- 2 poires conférence, par exemple, mais toutes les variétés sont bonnes, que vous laissez fondre en petits morceaux dans une casserole avec deux cuillères d'eau, pendant 30 minutes.
- Ajoutez 4 Spéculoos émiettés sur la compote après l'avoir versées dans 4 petits pots que vous pouvez fermer pour les transporter

Les étapes de la recette

1. Dans la boîte à œufs, mettez les petits légumes nettoyés, coupés pour les plus gros, épluchés pour ceux qui le nécessitent.

2. Confectionnez 4 sandwichs en étalant le fromage de chèvre sur les 8 tranches de pain. Prenez-en quatre, que vous couvrez de ciboulette, de deux tranche de coppa et des jeunes pousses d'épinards avant de les refermer avec une autre tranche de pain tartinée.

3. Posez délicatement le tout dans le panier avec les serviettes.

4. Assurez-vous que les pots de compote sont bien fermés avant de les mettre dans le panier.

5. Et n'oubliez pas d'emporter des bouteilles d'eau !

Bon appétit !

L'ÉTÉ

SYMÉTRIQUE ET MAGIQUE

En lien avec le matériel sensoriel et Papilo (voir lexique). Un atelier réalisé avec des papiers légers et de la peinture pour s'initier à la symétrie et découvrir la drôle de vie de ces éphémères.

« Papillon, ce billet doux plié cherche une adresse de fleur[18] »... Avec les beaux et longs jours qui reviennent, on se prend à rêver de fleurs multicolores, de jardins parfumés et de papillons délicats...

En cette saison, les papillons s'invitent au jardin sous les yeux émerveillés des enfants. Une vraie chance de découvrir ensemble la vie mouvementée de ces ravissants éphémères.

Points forts

- Approche de la symétrie
- Introduction à la zoologie

il vous faut

- 1 plateau
- Feuilles blanches ou de couleur 16 x 16 cm
- Des peintures de différentes couleurs

18. *Histoires naturelles,* Jules Renard, Librio.

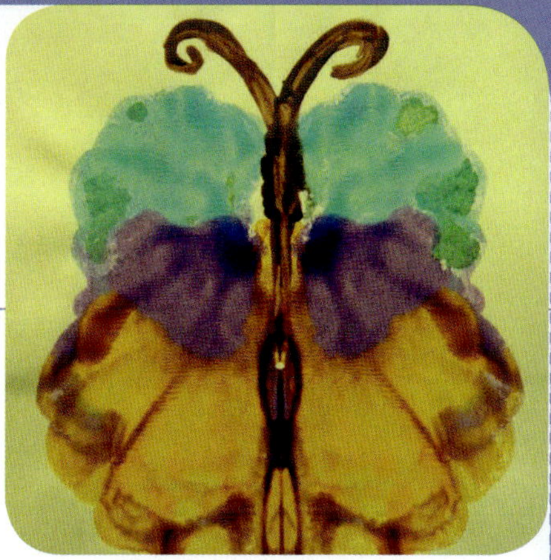

Les étapes de l'activité

0. Disposez le matériel sur le plateau (prévoyez une dizaine de feuilles car lorsque les enfants commencent, ils ont du mal à s'arrêter !)

1. Allez chercher le plateau avec l'enfant.
2. Prenez une feuille (blanche ou de couleur).
3. Pliez-la en deux dans le sens de la hauteur.
4. Choisissez plusieurs couleurs de peintures : deux à quatre, maximum.
5. Disposez les couleurs sélectionnées les unes en dessous des autres sur un seul côté, au plus près de la ligne médiane, en prenant soin de ne pas la dépasser.
6. Refermez la feuille sur elle-même.
7. Appuyez en faisant des mouvements du centre vers l'extérieur sur l'ensemble de la surface de la feuille repliée.
8. Ouvrez et… Découvrez !
9. Invitez l'enfant à le faire
10. Lorsque l'activité est terminée, rangez le matériel avec l'enfant.

Pour aller plus loin

- Installez une miniserre (disponible dans les jardineries) et des cocons de papillons, pour observer les différentes étapes qui amènent le papillon à devenir ce qu'il est.

- Privilégiez la culture de certaines plantes comme le buddleia, appelé aussi « arbre aux papillons », les cosmos ou les plantes aromatiques qui les attirent.

- Organisez une sortie dans une vraie serre à papillons où de nombreuses espèces volent en liberté autour de vous. La plus grande serre tropicale à papillons de l'Hexagone se trouve à Honfleur, en Normandie. Le Naturospace y propose de cheminer sur 800 m2 en compagnie de plus d'un millier de papillons virevoltant au-dessus de vos têtes !

Remarque

Apprenez à faire des « baisers papillons » ! Approchez vos cils de la joue d'un de vos proches et battez des paupières. : cette douce oscillation fera penser aux battements d'ailes des papillons…

SPIRALES ODORANTES

Points forts

- Approche graphique de la spirale
- Travail des trois doigts de l'écriture
- Coordination oculo-manuelle

il vous faut

- 1 plateau
- Quelques rouleaux de réglisse (6 à 8)
- 1 feuille cartonnée, format A5
- 1 feuille de papier pour l'aquarelle, format A5
- Pastels multicolores à la cire
- Ruban adhésif double face

En lien avec le matériel sensoriel. Un petit atelier pour apprivoiser sensoriellement le graphisme de la spirale. Quand la gourmandise laisse son empreinte…

Ce long ruban souple de réglisse bénéficiera à n'en pas douter d'un auditoire très motivé !

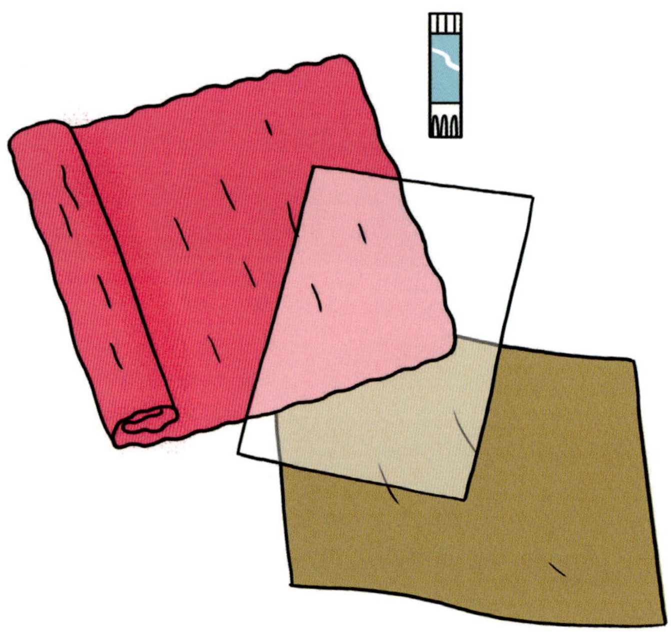

Les étapes de l'activité

1. Dispersez les rouleaux de réglisse sur la feuille cartonnée et fixez-les avec l'adhésif.
2. Disposez le matériel sur un plateau (sauf adhésif).

1. Allez chercher le plateau avec l'enfant.
2. Posez la feuille de papier pour aquarelle au-dessus des réglisses.
3. Maintenez les feuilles avec une main, et de l'autre commencez à frotter toute la surface d'un réglisse (qui est en sandwich) avec un pastel… L'empreinte apparait !
4. Proposez à l'enfant de continuer.
5. Lorsque l'activité est terminée, rangez le matériel avec l'enfant.
6. Laissez un plateau à disposition (avec les réglisses fixés).

Remarque

Déroulez les réglisses, puis reconstruisez la spirale. Construisez des spirales avec des matériaux imposant des résistances diverses (pâte à modeler, ruban, corde, fil de fer…)
Réalisez une spirale en assemblant plusieurs éléments identiques (maïs, haricots secs, cailloux, grosses perles…).

Attention ! Toujours utiliser le côté, la « tranche » du pastel et non son extrémité.

SPIRALES HAUTE COUTURE !

Points forts

- Approche sensorielle du mouvement de la spirale
- Coordination des deux mains
- Coordination oculo-manuelle

il vous faut

- 1 plateau
- 70 cm de cordelette de mercerie bleue (première sucette)
- 35 cm de cordelette de mercerie bleue (deuxième sucette)
- 25 cm de cordelette de mercerie (deuxième sucette)
- 1 feuille cartonnée 22 x 22 cm
- 2 petits bâtons (10 et 8 cm)
- Papier crépon métallisé bleu
- 2 boutons de taille moyenne, plutôt sans fioriture
- Petites étoiles métallisées
- Colle invisible
- Crayon à papier
- Ciseaux

En lien avec le matériel sensoriel. Un atelier pour réaliser des empreintes odorantes de réglisse pour les plus jeunes ou des sucettes en cordelettes pour les plus grands... à dévorer des yeux !

Si vous avez la chance d'habiter, ou de prendre vos vacances non loin de la mer, peut-être aurez-vous l'occasion de visiter un phare et de gravir un magnifique escalier hélicoïdal ...

Les étapes de l'activité

1. Prenez la feuille cartonnée.
2. Partez du haut à gauche et tracez une croix à l'intersection d'un carré imaginaire 6 x 6 cm.
3. Partez du haut à droite et tracez une croix à l'intersection d'un rectangle imaginaire 6 x 10 cm.
4. 4Posez l'extrémité des 2 cordelettes dessus et encollez. Laissez sécher.
5. Collez un bouton par-dessus et laisser sécher.
6. Mettez de la colle autour du bouton et encollez un premier tour avec chaque cordelette.
7. Prenez les 2 petits bâtons et enroulez-les dans du papier crépon bleu métallisé.
8. Disposez le matériel sur un plateau.

1. Allez chercher le matériel avec l'enfant.
2. Commencez à enrouler la cordelette simple sur elle-même en encollant au fur et à mesure.
3. Invitez l'enfant à poursuivre l'activité.
4. Lorsque les spirales sont réalisées, collez les petits bâtons bleus en dessous et laissez sécher.
5. Lorsque l'activité est terminée, rangez le matériel avec l'enfant.

Remarque

Réalisez des mobiles multicolores en découpant des spirales dans des assiettes rondes en carton multicolore. Quand le mobile est suspendu, l'enfant peut alors varier les perspectives (se mettre dessous, sur le côté, regarder de loin, de près...). Faites une recherche architecturale sur ce thème : moulures, sculptures, escaliers hélicoïdaux...

BULLES COLORÉES !

En lien avec le cabinet de géométrie et les solides géométriques (voir lexique).
Un atelier pour aborder de façon ludique le volume, et constater de visu la différence entre un disque et une sphère.

Points forts

- Approche sensorielle du volume
- Coordination des mouvements
- Concentration

il vous faut

- 1 plateau
- 3 tubes de liquide pour faire des bulles de savon
- Colorants alimentaires (bleu/rose/jaune)
- Feuille blanche cartonnée format A3

Lorsque les bulles de savon rencontrent des colorants alimentaires, les feuilles de papier s'en souviennent…
Poétiques et légères, les bulles de savon nous en font voir de toutes les couleurs !

Les étapes de l'activité

1. Versez quelques gouttes de colorant alimentaire bleu dans un des tubes de savon.
2. Procédez de la même façon pour la couleur jaune et la couleur rouge.
3. Disposez le matériel sur le plateau.

1. Allez chercher le matériel avec l'enfant.
2. Disposez la feuille cartonnée au sol ou sur la table.
3. Commencez à souffler des bulles de savon au-dessus de la feuille.
4. Observez les bulles (des sphères) et les traces laissées sur la feuille (qui font des disques).
5. Proposez à l'enfant de continuer
6. Lorsque l'activité est terminée, rangez le matériel avec l'enfant.

Remarque

Pour ressentir avec votre corps ces trois notions autour de la forme ronde : jouez avec des balles de différents diamètres, ballon, boule de saut avec poignée (sphère), amusez-vous avec des cerceaux, des anneaux de jonglage (cercle), maniez des CD (disque)…

Disposez une corbeille contenant des objets de forme ronde (cercles, sphères et disques) issus de la vie quotidienne, puis effectuez des tris (cercles : bracelet rigide, chouchou pour les cheveux, élastique… ; sphères : grosse perle, orange, balle… ; disques : pièce de monnaie, gommettes rondes, CD…).

HERBIER SENSORIEL

En lien avec le cabinet de botanique (voir lexique).
Lorsque les tampons à récurer prennent la forme de jolies feuilles simples, les promenades estivales deviennent de véritables moments d'exploration...

Points forts

- Enrichissement du vocabulaire
- Reconnaissance des formes de feuilles simples
- Discrimination sensorielle
- Approche de la botanique

il vous faut

- 1 plateau
- 1 corbeille
- Tampons à récurer verts
- Gabarits de feuilles simples à prendre dans l'annexe

Un herbier en relief pour pouvoir s'imprégner « sensoriellement » de la forme et de ses contours...

Les étapes de l'activité

1. Agrandissez les gabarits proposés.
2. Découpez dans des tampons à récurer les différentes formes de feuilles simples.
3. Mettez les formes dans la corbeille.
4. Disposez sur le plateau.

1. Allez chercher le matériel avec l'enfant.
2. Alignez une à une les feuilles de la corbeille.
3. Saisissez une des feuilles par le haut de la tige.
4. Avec l'index et le majeur de l'autre main, touchez son contour dans un mouvement continu de la gauche de sa tige vers sa droite.
5. Invitez l'enfant à le faire.
6. Une fois toutes les feuilles explorées, demandez à l'enfant d'en choisir trois.
7. Rangez les autres formes et introduisez le vocabulaire (leçon à 3 temps, voir annexe).
8. Lorsque l'activité est terminée, rapportez le matériel avec l'enfant.
9. Laissez le plateau à disposition.

Remarque

Ramassez des feuilles et faites-les sécher dans une presse adaptée.
Explorer plus largement la nature avec Le Très Très Gros Cahier de nature de Balthazar et de Pépin *aussi de Marie-Hélène Place et Caroline Fontaine-Riquier, Hatier Jeunesse.*

HERBIER GRAPHIQUE

Points forts

- Première étape vers l'abstraction
- Approche de la botanique

il vous faut

- 1 plateau
- 2 feuilles de papier épais A4 (240 g)
- 6 fiches cartonnées 9 x 20 cm
- 6 gabarits de feuilles simples à prendre dans l'annexe
- Peinture acrylique verte
- 1 pinceau
- Colle
- Ciseaux pour enfants
- 1 coupelle
- 1 set de table lavable
- 1 petit tablier

En lien avec le cabinet de botanique.
... et la discrimination sensorielle fait peu à peu place à la représentation graphique.

Un herbier graphique en taille réelle pour s'initier à l'abstraction des formes étudiées.

Étape 1 : L'herbier graphique

1. À ce stade l'enfant a déjà exploré sensoriellement les six formes de feuilles simples et le vocabulaire lui a été présenté...

2 Photocopiez et agrandissez les gabarits sur le papier épais.

3 Versez de la peinture dans la coupelle.

4 Disposez ce matériel sur le plateau ainsi que le pinceau, le set et le tablier.

1 Allez chercher le plateau avec l'enfant.

2 Commencez à peindre le premier gabarit.

3 Proposez à l'enfant de continuer.

4 Lorsque l'activité est terminée, laissez sécher et rangez le matériel avec l'enfant.

Étape 2 : Les tickets de lecture

1 Photocopiez le vocabulaire associé dans l'annexe et réalisez des tickets de lecture de 7 x 2 cm environ (vous pouvez aussi les plastifier !).
2 Disposer les tickets de lecture dans la coupelle.
3 Prenez les deux feuilles contenant les gabarits peints et découpez-les.
4 Disposez ce matériel sur un plateau avec les fiches cartonnées et la colle.

1 Allez chercher le plateau avec l'enfant.
2 Sortez une à une les formes de feuilles simples.
3 Prenez une forme de votre choix et collez-la sur une fiche cartonnée. Mettez sur le côté.
4 Proposez à l'enfant de continuer.
5 Lorsque toutes les fiches sont collées, étalez-les sur la table ou sur un tapis.
6 Prenez les tickets de lecture et disposez les dans le désordre.
7 Invitez l'enfant à associer le texte à la représentation (lisez si nécessaire).
8 Lorsque l'activité est terminée, disposez ce matériel dans une pochette et laissez-la à disposition.

Remarque

Au cours de vos promenades et des arbres rencontrés, essayez de reconnaître oralement quelques formes de feuilles puis vérifiez les réponses.

Pour les plus grands, réalisez un jeu de piste pour retrouver les 28 variétés d'arbre proposées dans le livre L'Arbrier de Delphine Chedru, aux éditions Albin Michel Jeunesse, et réalisez des empreintes multicolores.

DES ABEILLES BIEN UTILES...

Points forts

- Coordination oculo-manuelle
- Travail du poignet
- Introduction à la zoologie

il vous faut

- 1 plateau
- Bouchon de cidre ou de champagne
- Peinture acrylique noire
- 2 épingles courtes jaune nacré
- 1 épingle courte de couleur violette
- 1 bouquet miniature de fleurs en tissu jaune (magasins de loisirs créatifs)
- 1 morceau d'organdi 10 x 10 cm
- 50 cm de fil chenille jaune
- 50 cm de fil chenille noir
- 1 fil de Nylon transparent (pour suspendre l'ouvrage) d'environ 25 cm
- Ruban adhésif double face
- Ciseaux

En lien avec le matériel sensoriel (biologie).
Un petit atelier pour se familiariser avec la vie fascinante et le rôle écologique majeur des abeilles.
Comment transformer des bouchons de cidre en abeilles...

Les abeilles jouent un rôle écologique majeur dans la pollinisation des fleurs et l'équilibre de nombreux écosystèmes. Pourquoi alors ne pas profiter de leur compagnie estivale pour apprendre à mieux les connaître ? Découvrez l'organisation sociale d'une ruche, les étapes de la production de miel, les soins prodigués par l'apiculteur... Autant de chances de vous familiariser avec ces petites bêtes et de permettre aux enfants de faire face aux appréhensions liées aux piqûres désagréables !

Les étapes de l'activité

1. Peignez le bouchon en noir et laissez-le sécher.
2. Enroulez le fil de Nylon au centre de la partie inférieure du bouchon.
3. Faites un nœud.
4. Mettez deux épingles jaunes sur la partie supérieure du bouchon au niveau des yeux et une épingle violette pour le nez.
5. Découpez dans l'organdi deux ovales de 4 cm environ de long pour faire les ailes.
6. Disposez le matériel sur un plateau.

1. Allez chercher le matériel avec l'enfant
2. Prenez les fils chenille, disposez-les côte à côte et enroulez-les simultanément sur le ruban adhésif.
3. Mettez du ruban double face sur toute la partie inférieure du bouchon en larges spirales.
4. Invitez l'enfant à faire de même avec les fils chenille disposés côte à côte puis à fixer les ailes et les antennes.
5. Lorsque l'activité est terminée, rangez le matériel avec l'enfant.
6. Suspendez ce nouveau petit compagnon et explorez largement son mode de vie !

Remarque

Certains apiculteurs proposent des parrainages de ruche. En échange d'une somme modique, vous participerez à l'entretien et recevrez en remerciement quelques pots de miel, fruit du travail de vos nouvelles amies ! Parrainez une ruche avec l'association Un toit pour les abeilles *: www.untoitpourlesabeilles.fr*

Découvrez L' Aventure du pollen, *de Kim Mi-Gyeong et Lee Yeong-Rim, aux éditions du Ricochet et apprenez comment les plantes se déplacent alors qu'elles ne possèdent ni jambes ni ailes...*

UN JARDIN AROMATIQUE

En lien avec le matériel sensoriel (botanique) et le matériel de vie pratique.
Un atelier pour identifier les parfums, les feuillages et les goûts. Les herbes aromatiques ont tout pour elles. Elles sont belles, parfumées et… comestibles!

Dédiez un petit espace intérieur ou extérieur aux plantes aromatiques et apprenez à l'enfant à en prendre soin.

Points forts

- **Introduction à la botanique**
- **Raffinement olfactif, visuel, tactile et gustatif**

il vous faut

- **1 plateau**
- **2 petits pots de basilic frais**
- **2 petits pots de thym frais**
- **2 petits pots de menthe fraîche**

Les étapes de l'activité

1. Disposez le matériel sur un plateau.

1. Prenez un petit pot de basilic et déplacez-le rapidement sous votre nez (le courant d'air permet de mieux apprécier les odeurs).

2. Recommencez ainsi deux ou trois fois pour bien en mémoriser l'odeur.

3. Effectuez une mise en paires par comparaison olfactive avec les autres herbes (thym et menthe).

4. Renouvelez l'opération jusqu'à ce que les trois herbes aromatiques aient été mises en paires.

5. Invitez l'enfant à le faire à son tour.

6. Puis introduisez le vocabulaire (basilic, thym, menthe).

7. Introduisez le vocabulaire (basilic, thym, menthe) avec la leçon en 3 temps (voir annexe).

8. Rangez le matériel avec l'enfant.

9. Laissez le plateau à disposition.

Pour aller plus loin

1. Présentez d'autres herbes aromatiques (ciboulette, aneth, anis...).

2. Complexifiez l'atelier en réalisant, si l'enfant le souhaite, les mises en paires les yeux fermés.

3. Dégustez les herbes dans des présentations très simples telles que : tartine de chèvre tiède au thym, salade de tomates cerises au basilic, quartiers de fraises à la menthe.

Remarque

Initiez-vous au compagnonnage des jardins (culture ancestrale qui consiste à associer des plantes en fonction de leurs affinités, voir la comptine En bonne compagnie *p. 153).*

DES ÉTOILES PLEIN LES YEUX...

Points forts

- Créativité
- Vocabulaire
- Point de départ d'exploration (représentations faciales)

il vous faut

- 1 plateau
- 1 coupelle
- Différents timbres oblitérés
- 1 carte 15 X 15 cm
- 1 enveloppe adaptée à la carte
- 1 gabarit étoile de mer à prendre sur Internet ou à réaliser à main levée
- 1 feuille de papier à dessin (180 g), format A4
- Vernis colle
- Ruban adhésif double face
- Ciseaux

En lien avec le matériel sensoriel (biologie et géographie).
Un atelier pour offrir une seconde vie aux timbres oblitérés. C'est aussi s'adonner à la joie de créer une carte postale qui sent bon les vacances !

Les vacances sont des moments privilégiés pour échanger d'affectueuses pensées. Un temps pour écrire et lire, mais aussi pour découvrir l'infini diversité de ces drôles de vignettes que l'on nomme timbres…

Les étapes de l'activité

1. Reportez un gabarit d'étoile de mer sur la feuille de papier à dessin et découpez-le.
2. Mettez les timbres dans la coupelle.
3. Disposez le matériel sur un plateau.

1. Allez chercher le matériel avec l'enfant
2. Sortez le matériel puis étalez les timbres dans le plateau vide.
3. Choisissez-en quelques-uns et disposez-les sur le gabarit.
4. Encollez par-dessus.
5. Invitez l'enfant à continuer.
6. Égalisez avec les ciseaux si cela est nécessaire.
7. Prenez la carte et fixez l'étoile de mer à l'aide du ruban adhésif.
8. Lorsque l'activité est terminée, rangez le matériel avec l'enfant.
9. Laissez un plateau à disposition et ajoutez différents gabarits.

Remarque

Observez des timbres à la loupe.
Effectuez des tris par couleur, par forme, par thème…
Apprenez le vocabulaire spécifique : philatélie, neuf/oblitéré…
Découvrez l'histoire de la Poste…

GALETS INSTRUCTIFS

En lien avec le matériel de mathématique et le matériel de langage.
Un atelier pour partir à la découverte des algorithmes et de l'alphabet...
Les galets ont plus d'un tour dans leur sac!

Points forts

- Repérage des structures rythmiques
- Organisation logique de la pensée
- Développement de l'attention et de la concentration
- Exploration et décomposition phonique des lettres
- Préparation à la lecture

il vous faut

- 2 petits sacs
- 12 petits galets blancs assez semblables
- 4 dessins identiques d'une libellule en couleur (papier cadeau, images Internet...)
- 4 dessins identiques d'une abeille en couleur (*Idem*)
- 4 dessins identiques d'une coccinelle en couleur (*Idem*)
- Peinture acrylique blanche
- Vernis colle

Un algorithme est un ensemble d'éléments récurrents que l'on doit identifier afin d'être capable de le reproduire dans le même ordre, selon le même rythme.

LES INSECTES...

1 Peignez l'ensemble des galets au verso avec la peinture blanche.

2 Attendez que cela sèche puis recommencez l'opération au verso.

3 Imprimez ou choisissez douze motifs (4 coccinelles identiques, 4 libellules identiques, 4 abeilles identiques).

4 Découpez l'ensemble des motifs.

5 Lorsque les galets sont bien secs, appliquez un motif par galet.

6 Renouvelez l'opération afin d'obtenir quatre galets abeilles, quatre galets libellules et quatre galets coccinelles.

7 Appliquez le vernis colle à l'aide d'un pinceau plat.

8 Laissez sécher et disposez dans un sac.

1 Allez chercher le matériel avec l'enfant

2 Réalisez un algorithme très simple en disposant un galet « abeille » puis un galet « libellule », de nouveau un galet « abeille ».

3 Invitez l'enfant à compléter la série.

4 Retirez les galets un à un puis proposer d'autres séries :
- Libellule/Abeille... L/A... L/A
- Coccinelle/Abeille... C/A... C/A
- Abeille/Coccinelle... A/C... A/C

5 Lorsque l'activité est terminée, rangez le matériel avec l'enfant.

6 Laissez le matériel à disposition.

Remarque

Algorithmes possibles : (Légende : A / Abeille - L/ Libellule - C/ Coccinelle)
- *A/A/L A/A/L... (L/L/A - C/C/A - A/C/C...)*
- *A/C/A A/C/A... (C/A/C - L/A/L - A/L/A...)*
- *A/L/C A/L/C... (L/A/C - C/L/A - C/A/L...)*
- *...*

ET LES LETTRES...

il vous faut

- 1 sac
- 26 petits galets blancs assez semblables
- 26 tampons-lettres de l'alphabet (alphabet complet)
- Vernis incolore

Les galets « alphabet » offrent quant à eux une exploration ludique et phonique des lettres. S'amuser à composer des mots imaginaires, chercher des mots qui commencent par un son précis, tenter de reproduire des graphismes dans le sable...

Autant de manières de s'approprier l'écrit !

Les étapes de l'activité

1. Appliquez la lettre A avec le tampon (une seule face) sur le galet.
2. Procédez ainsi pour l'ensemble des lettres (une lettre par galet).
3. Appliquez le vernis incolore à l'aide du pinceau plat.
4. Laissez-sécher et disposez dans un sac.

1. Allez chercher le matériel avec l'enfant.
2. Étalez les galets puis produisez le son d'une lettre (le son, pas le nom de la lettre) et cherchez la lettre correspondante.
3. Invitez l'enfant à écrire des mots simples (sac, bol, col, ami...) et tous ceux dont il a envie !
4. Lorsque l'activité est terminée, rangez le matériel avec l'enfant.
5. Laissez le sac à disposition.

Pour aller plus loin

- Découvrez les *Alphabets en colère* de deux artistes Latino-américains : Léon Ferrari et Mira Schendel.
- Jouez les détectives et retrouvez les lettres cachées dans l'art. *Alphab'art,* Éditions Palette.

Comptine : EN BONNE COMPAGNIE !

Cette comptine a pour thème le compagnonnage du potager. C'est une culture ancestrale qui consiste à associer des plantes en fonction de leurs affinités. Les enfants découvrent que les plantes ont du caractère !

La tomate a plein d'amis…
L'estragon, le thym, l'anis
Le basilic, la menthe, le carvi
Et l'élégant persil !

Mais si la ciboulette et le radis s'apprécient
L'aneth et la carotte se défient
Alors… gardons-nous des ennuis,
Préservons l'harmonie !

HISTOIRE À LA CARTE !

Points forts

- Développement du langage (tournures de phrases, vocabulaire)
- Structuration et organisation logique de la pensée
- Créativité (imaginaire)

il vous faut

- 1 plateau
- 24 cartes bleues 9 x 13 cm (personnages)
- 12 cartes blanches 9 x 13 cm (ambiances)
- 12 enveloppes adaptées de différentes couleurs
- Magazines, photos, dessins...
- Ciseaux
- Colle

OU

- 24 cartes postales « personnages » (enfant, adulte, animaux...)
- 12 cartes postales « ambiances » (jardin, montagne, grenier...)
- 12 enveloppes adaptées de différentes couleurs

En lien avec le matériel de langage
Un atelier pour réaliser soi-même un jeu de cartes inattendu à partir de collages pour ouvrir toutes grandes les portes de l'imaginaire...

Un jeu de cartes à concevoir à partir de collages divers (magazines, papier cadeau, photos, reproductions de peintures, de sculptures...) ou, pour les plus pressés, à composer avec de jolies cartes postales !

Les étapes de l'activité

1. Choisissez et découpez 24 illustrations « personnages » (un seul personnage par carte).
2. Faites de même pour les 12 cartes «ambiances».
3. Collez chacune d'entre elles sur une carte distincte.
4. Disposez sur un plateau.

1. Proposez à l'enfant de choisir une enveloppe et de décrire ce qu'elle contient.
2. Les cartes alignées sur le sol, c'est alors à vous, adulte, d'inventer une histoire mettant en scène les personnages concernés dans le lieu indiqué, en laissant libre cours à votre imagination ! Exemple : « *Je vais te raconter ce que la souris et le boulanger ont découvert dans cette grotte...* »
3. Une fois l'activité terminée, accrochez ces cartes sur un grand tableau afin de constituer un «espace à histoires». De cette manière, l'enfant pourra y retourner autant qu'il veut.

En grandissant...

1. Ajoutez des «cartes indices d'action» (approche du verbe : une silhouette mange, dort, court...).
2. Invitez l'enfant à inventer lui-même ses histoires.

Remarque

Lorsque le tableau est rempli, récupérez l'ensemble des cartes, mélangez-les afin d'obtenir de nouvelles combinaisons et recommencez à remplir les enveloppes.

À L'OMBRE DES GRANDS PINS...

Points forts

- Initiation à la botanique
- Coordination des deux mains
- Créativité

il vous faut

- 1 plateau
- Feuilles d'arbres divers
- Peintures pour tissu (2 tons de vert)
- Papier absorbant
- Petit rouleau de peinture
- 1 vieux drap uni blanc

En lien avec le cabinet de botanique. Un atelier à faire ensemble pour sensibiliser l'enfant au monde qui l'entoure et s'initier à la peinture sur tissu. Qu'il est doux de profiter du rythme des vacances pour organiser des pique-niques insolites et joyeux !

Feuilles simples ou composées, imposantes ou délicates, rondes ou pointues…
Quelles seront les élues ?

Les étapes de l'activité

1. Sélectionnez différentes feuilles d'arbres au cours de vos promenades.
2. Disposez le matériel sur un plateau.

1. Allez chercher le matériel avec l'enfant.
2. Étalez le drap sur une surface lisse et rigide (si vous réalisez cet atelier en extérieur, évitez les jours de grand vent !).
3. Disposez les feuilles sur le drap.
4. Prenez une feuille et mettez de la peinture pour tissu au verso.
5. Appliquez sur le drap sans hésitation et recouvrez avec deux feuilles de papier absorbant.
6. Maintenez et aplatissez avec le petit rouleau afin que la peinture soit bien répartie.
7. Retirez rapidement et franchement toutes les feuilles.
8. Recommencez le procédé pour l'ensemble des feuilles choisies.
9. Fixez les couleurs au fer à repasser.
10. Rangez le matériel avec l'enfant.

Remarque

Découvrez les fleurs et les fruits des arbres avec L'Herbier d'Émilie Vast : plantes sauvages des villes *d'Émilie Vast, Memo. Constituez un herbier.*

ATELIER DE STYLE !

Points forts

- Créativité
- Observation du schéma corporel
- Coordination oculo-manuelle
- Enrichissement du vocabulaire

il vous faut

- 1 plateau
- Gabarits en annexe
- Papiers divers (origami, magazines...)
- Crayons de couleurs
- Ciseaux droits et crantés
- Colle

En lien avec le matériel de vie pratique et le matériel sensoriel.
Un atelier pour développer sa créativité et renforcer l'habileté de ses mains.

Proposez à l'enfant d'observer le mannequin en bois articulé conçu pour le dessin et décrivez ensemble les différentes parties du corps.

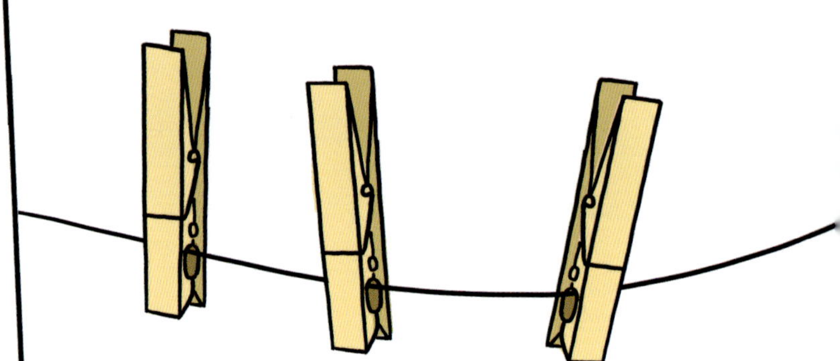

Étape 1

1. Agrandissez et découpez les gabarits.
2. Disposez le matériel sur un plateau.

1. Allez chercher le matériel avec l'enfant.
2. Prenez un vêtement et collez-le sur une feuille.
3. Dessinez les parties du corps restées visibles.
4. Invitez l'enfant à le faire avec un autre gabarit.
5. Finissez ensemble vos modèles respectifs.
6. Lorsque l'activité est terminée, rangez le matériel avec l'enfant.
7. Laissez un plateau complet à disposition.

Étape 2

1. Découpez d'autres gabarits dans du carton rigide et rassemblez une petite dizaine de feuilles de papiers divers (couleurs, textures, motifs).
2. Disposez-les sur un plateau avec des feuilles blanches, un crayon, une gomme, des feutres, des ciseaux (droits et crantés) et de la colle.

1. Allez chercher le matériel avec l'enfant.
2. Demandez à l'enfant de choisir un papier et un gabarit.
3. Appliquez ce gabarit sur l'imprimé et tracez ses contours au crayon.
4. Découpez-le puis collez-le sur une feuille blanche.
5. Invitez l'enfant à continuer.
6. Lorsque l'activité est terminée, rangez le matériel avec l'enfant.
7. Laissez un plateau complet à disposition.

Remarque

Réalisez une pochette thématique « La robe à travers le temps » avec 6 représentations de robes significatives et contrastées (ex : robe à panier, à crinoline, fourreau…). Voir rubrique « Nomenclature » en annexe. Un très beau livre sur ce thème : Petite histoire de la robe de Princesse, *de l'Impératrice Plume (Minimonde, 2009).*

BONNE RENTRÉE !

Points forts

- Repère temporel
- Coordination oculo-manuelle
- Motricité fine

il vous faut

- 1 plateau
- Le gabarit de la valise (voir annexe)
- 1 étiquette blanche autocollante
- 1 feuille bleue (180 g, format A4)
- 21 carreaux de verre 2 x 2 cm
- Colle adaptée
- Feutres
- 1 boîte opaque

En lien avec le matériel sensoriel. Un petit atelier à réaliser ensemble pour annoncer la fin des vacances en douceur...

Faire une valise est tout un art ! Il faut savoir plier ses vêtements, les disposer savamment dans un espace limité et… déployer des trésors d'ingéniosité pour caler les coups de cœur de l'été achetés en souvenir !

Les étapes de l'activité

1. Photocopiez et agrandissez le gabarit.
2. Découpez-le et collez-le sur la feuille bleue.
3. Mettez les carreaux de verre la coupelle et inscrivez « Bonne rentrée » sur l'étiquette.
4. Disposez le matériel sur un plateau.

---

1. Allez chercher le matériel avec l'enfant.
2. Invitez l'enfant à colorier la valise avec les feutres, puis ouvrez la boîte et commencez à coller des carreaux de verre aux emplacements prévus.
3. Proposez à l'enfant de continuer puis d'ajouter l'étiquette.
4. Laissez sécher.
5. Lorsque l'activité est terminée, rangez le matériel avec l'enfant.
6. Prolongez cet atelier en présentant la façon de plier des petites pièces (T-shirts, gilets, sous-vêtements, chaussettes) et laissez à disposition une valise vide et un panier contenant du linge de ce type. Introduisez progressivement différents modes de fermeture (boutons, pressions, fermeture éclair…).

Remarque

Découvrez les différentes sortes de bagages et leurs spécificités (beauty-case, sac, valise, malle…).

Parlez de voyages et de vacances, passés et à venir !

Évoquez la magie des voyages transatlantiques du XIXe siècle et du début du XXe siècle avec ses somptueuses malles cabines dont la célèbre « Wardrobe » de 1875 (penderie d'un côté, jeu de tiroirs de l'autre), symbole d'élégance.

Yoga

Respirations et mouvements pour s'épanouir en s'amusant proposés par Christine Durandeau Dauge, professeur de yoga diplômé de la Fédération française de Hatha Yoga.

ET LA CHENILLE DEVIENT PAPILLON...

Pour la souplesse des hanches

Comme un papillon

1. Assieds-toi les jambes allongées devant toi, le dos bien droit.
2. Plie les genoux et ramène les talons près des fesses, les pieds au sol.
3. Ouvre les hanches et place les plantes des pieds l'une contre l'autre.
4. Pose les mains sur les chevilles et avec tes jambes effectue de petits mouvements à la manière des battements d'ailes d'un papillon...

Pour muscler du bout des doigts des mains jusqu'aux orteils

Comme un bateau

1. Allonge-toi sur le ventre, le front au sol, les bras contre les oreilles, les talons joints.
2. Sur une inspiration (en laissant entrer l'air par le nez), décolle et étire autant que possible les bras, le buste, les jambes (le corps repose alors sur le nombril), et regarde devant toi.
3. Maintiens quelques respirations sans forcer... et sur une expiration (en laissant sortir l'air par le nez) relâche tout ton corps...

Pour se détendre et goûter l'instant présent, au rythme de l'inspiration et de l'expiration

Comme un ballon qui se gonfle et se dégonfle

1. Allonge-toi sur le dos, les mains posées sur le ventre.
2. Sens le mouvement naturel de ton ventre qui se gonfle lorsque tu inspires et se dégonfle lorsque tu expires, comme un ballon…
3. Doucement, laisse ton ventre se gonfler un peu plus lorsque tu inspires… et se dégonfler un peu plus lorsque tu expires…

   Laisse ta respiration se placer dans ton ventre…
4. Laisse l'inspiration et l'expiration avoir la même durée…
5. À l'inspiration, sens-toi aussi léger qu'un ballon flottant dans le ciel…
6. À l'expiration, sens-toi aussi libre que l'air qui s'échappe du ballon…
7. Laisse-toi bercer par cette respiration régulière, équilibrée…

Les points de suspension représentent un temps de pause laissé à l'enfant pour ressentir les sensations proposées.

Respirer profondément, c'est vivre intensément !

Recette : DUO DE FRAISES ET DE FRAMBOISES SIROP DE MENTHE FRAÎCHE…

il vous faut

Pour 3 à 4 personnes :

- 500 g de fraises (choisissez des variétés comme la gariguette ou la mara des bois, les plus goûteuses)
- 500 g de framboises (la meeker par exemple, avec ses beaux fruits rouge foncé est très aromatique)
- 800 g de sucre
- 1 l d'eau minérale (pour conserver le sirop plus longtemps)
- 1 beau bouquet de menthe fraîche

1. Dans une casserole, faites chauffer l'eau minérale avec le sucre.
2. Retirez du feu dès les premières ébullitions.
3. Plongez dans le sirop la menthe fraîche lavée.
4. Couvrez et laissez infuser 40 minutes environ.
5. Ajoutez de l'eau fraîche au sirop obtenu…
6. Dégustez bien frais, accompagné des fraises et des framboises passées sous l'eau.

Bon appétit !

ANNEXES

LEXIQUE

Le matériel

Quel que soit le pays dans lequel elle a été ouverte, vous trouverez dans chaque Maison des enfants quatre espaces distincts dédiés : à la vie pratique, au développement sensoriel, au langage et aux mathématiques. C'est au travers de ces quatre domaines que le matériel Montessori se propose d'accompagner l'enfant de l'activité spontanée au travail[19] afin qu'il puisse penser par lui-même en agissant par lui-même.

Le matériel de vie pratique

Il est constitué d'objets de la vie de tous les jours (petits plateaux, bouteilles, pinces à linge...). Ce matériel offre à l'enfant la possibilité de s'exercer, après une présentation méthodique, autant de fois qu'il le désire, à la réalisation de tâches quotidiennes (balayer, laver du linge, mettre le couvert...). Il lui permet également de prendre soin de lui (se laver les mains, lacer ses chaussures), de l'ambiance (nettoyer la table, changer l'eau des fleurs) et de s'approprier les codes de sa culture (la politesse, par exemple) en développant son autonomie. Ces actions sont extrêmement motivantes pour l'enfant car elles prennent sens pour lui et pour les autres, ce qui l'incite à s'entraîner spontanément et fréquemment. Ces répétitions volontaires le conduisent progressivement à se concentrer, à prendre conscience des mouvements de son corps dans l'espace et de l'importance de ses gestes : il constate, envisage, ajuste, réajuste... Le matériel de vie pratique est présenté en premier. Il vient nourrir principalement la période sensible de l'ordre et du mouvement au travers des perceptions sensorielles. Les exercices suivants proviennent directement de ce matériel : Utiliser des ciseaux p. 68, Plier du papier p. 72 et p. 74.

19. P. Spinelli, *Le lien Montessori,* n° 89, mars 2010.

Le matériel sensoriel

Il est constitué d'un matériel spécifique (conçu pour répondre à des critères précis), progressif (qui va du plus simple au plus complexe) et autocorrectif (qui permet de voir et comprendre son erreur), élaboré par Maria Montessori. Ce matériel est composé d'une série d'objets mettant en évidence une caractéristique à la fois (couleur, forme, volume, poids, dimensions...) ou isolant un seul sens (l'ouïe, le toucher, la vue, l'odorat, le goût, et le sens stéréognostique, c'est-à-dire de la reconnaissance des volumes par le toucher). Pour commencer, ces caractères sont abordés par identité (mise en paires) à l'aide de contraste, puis lorsque la reconnaissance devient aisée, par gradation subtile. Ainsi, l'enfant découvre le matériel des tablettes de couleur : six tablettes au total, deux rouges, deux jaunes, deux bleues (1re boîte des tablettes de couleur). Il réalise des mises en paires en s'aidant du fort contraste des couleurs. Puis, petit à petit il devient capable de distinguer de lui-même ces couleurs parmi d'autres et étend ses connaissances à six couleurs supplémentaires : vert, violet, orange, marron, gris, rose ainsi que le blanc et le noir (2e boîte des tablettes de couleur). L'étape suivante consistera, le moment venu, à lui présenter les nuances que recouvre chaque teinte avec la dernière boîte, qui propose sept nuances différentes par couleur : du bleu pâle au bleu foncé, du jaune pâle au jaune d'or... Ce matériel lui permet d'explorer en comparant, en distinguant, en précisant (affiner sa perception), en ordonnant, en nommant (vocabulaire précis) et en généralisant (transposer ses connaissances dans un autre contexte) ses perceptions sensorielles. Par ces nombreuses manipulations, l'enfant apprend à les ordonner pour mieux se repérer dans son environnement. Il structure sa pensée et éveille son intelligence. Ces activités préparent également à l'abstraction par l'intériorisation des sensations et l'acquisition des terminologies associées. Le matériel sensoriel vient nourrir l'ensemble des périodes sensibles et inclut aussi les domaines de la botanique et de la géographie. Les exercices suivants s'inspirent directement de ce matériel : Cylindres sonores p. 116, Herbier sensoriel p. 140, Un jardin aromatique p. 146.

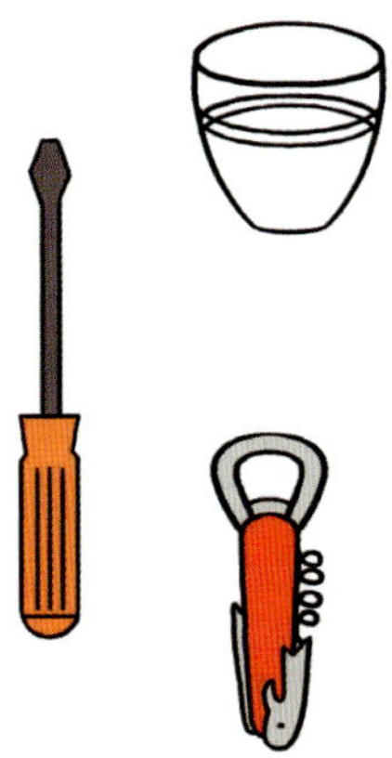

Le matériel de langage

Il est constitué d'un matériel spécifique, progressif et autocorrectif. Les célèbres lettres rugueuses découpées dans du papier de verre en font partie. Par leur nature, elles invitent l'enfant à suivre leur forme et la répétition de l'exercice permet d'en inscrire la trace dans sa mémoire musculaire. Le matériel Montessori offre la possibilité de dissocier l'apprentissage phonologique des aptitudes motrices nécessaires à son tracé. Ainsi l'enfant apprend-il à écrire avant de lire grâce aux alphabets mobiles (lettres indépendantes que l'enfant assemble en fonction de la sonorité du mot qu'il veut écrire). Il apprend à coder avant de décoder[20]. La main, quant à elle, continue de se préparer indirectement au travers d'activités structurées (dessins de formes par exemple). Lorsque l'enfant est prêt, il se produit un phénomène décrit par Maria Montessori comme « explosif » : l'enfant se met à écrire du jour au lendemain. Ce matériel propose également une approche sensorielle de la grammaire avec l'utilisation de symboles géométriques codifiés qui permettent de visualiser la structure de la phrase (le rond rouge pour le verbe, le grand triangle noir pour le nom, le triangle bleu pour l'adjectif...).

Le matériel de langage vient nourrir l'ensemble des périodes sensibles. Les exercices suivants en sont directement extraits : Ces sons qui nous entourent p. 46, De bien jolis tracés... p. 82.

Le matériel de mathématique

Il est constitué de matériel spécifique, progressif et autocorrectif, c'est un matériel concret qui représente le concept abstrait des nombres, des quantités, des opérations et des symboles.

Préparé en amont à travers le matériel sensoriel, l'enfant va commencer par explorer l'objet avec ses sens. Ainsi, lorsque l'enfant porte dans sa main une perle pour symboliser l'unité ou le cube de 1000 perles, il en ressent la taille, le poids, le volume... Il a accès avec ses sens au concept du nombre et possède un vocabulaire précis pour exprimer ce qu'il éprouve. Ce matériel requiert beaucoup de manipulations et s'articule autour de six grands chapitres : la numération de 1 à 10, le système décimal, la numération de 11 à 1000, les quatre opérations, le passage à l'abstraction et les fractions.

Le matériel de mathématique vient nourrir l'ensemble des périodes sensibles.

Les exercices suivants se réfèrent indirectement au matériel de mathématique : Symétrique et magique, p. 132, Qui-suis-je ?, p. 90.

20. Voir « *Une erreur : commencer par apprendre à lire !* » (www.meirieu.com/FORUM/delacour.pdf), de Jacques Delacour.

Biologie

Terme générique regroupant l'ensemble du matériel Montessori concernant l'étude des plantes et des animaux (puzzles, nomenclatures, panneau en tissu sur la structure d'une fleur...) ainsi que quelques activités sur le schéma corporel (étiquettes amovibles concernant les différentes parties du corps). Entre 3 et 6 ans seules les parties externes du corps sont abordées.

Boîtes à bruits

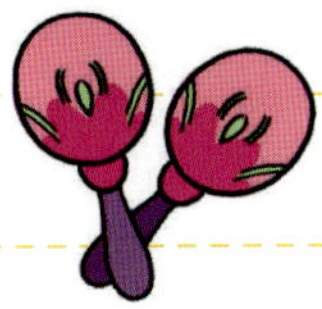

Matériel composé de deux boîtes rectangulaires appartenant au matériel sensoriel. La première boîte contient six cylindres en bois aux couvercles rouges. La deuxième boîte renferme six cylindres en bois aux couvercles bleus. Les deux séries de cylindres sont parfaitement identiques. Dans chaque cylindre de la série rouge se trouvent des graines différentes qui vont produire des sons plus ou moins forts. La série bleue contient exactement les mêmes graines afin que l'enfant puisse réaliser des mises en paires auditives. Par contraste, il va chercher à reconnaître les sons identiques. Lorsqu'il les a trouvés, il dispose un cylindre de la série rouge avec un cylindre de la série bleue et poursuit son exploration pour la réalisation de nouvelles mises en paires (identité). Ce matériel a pour but principal de favoriser la discrimination et la subtilité auditive (réalisation de gradation avec une seule série). Il permet à l'enfant d'enrichir, d'affiner et d'organiser ses perceptions sonores, ce qui vient renforcer la préparation indirect à l'écriture.

Cabinet de botanique

Petit meuble en bois appartenant au matériel sensoriel. Il est composé de trois tiroirs dans lesquels se trouve la représentation de l'ensemble des formes de feuilles simples en botanique (un seul folio) : 18 formes différentes au total, soit six par tiroirs. Les buts principaux sont le raffinement du sens tactile et visuel, l'enrichissement du vocabulaire et de permettre à l'enfant de mieux se repérer dans son environnement.

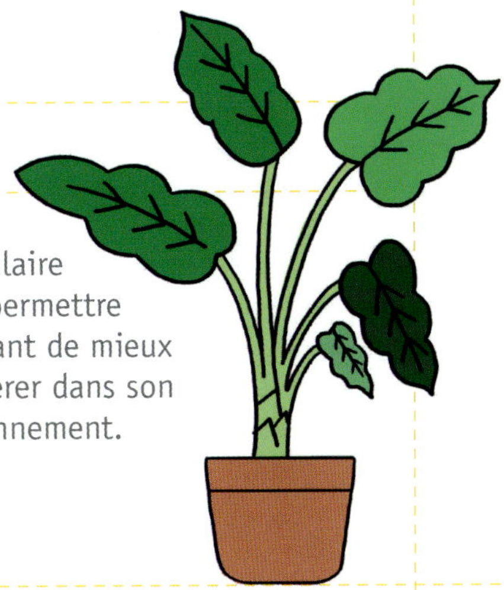

Cabinet de géométrie

Petit meuble en bois appartenant au matériel sensoriel. Il a pour but principal la discrimination visuelle et tactile des figures géométriques, le raffinement des sens tactile et visuel ainsi que celui du mouvement volontaire.

Il est composé de six tiroirs et d'un plateau de présentation.

- **Le plateau de présentation** comporte des encastrements correspondant à des figures géométriques et surmontée d'un bouton de préhension. Il y a un disque de 10 cm de diamètre, un carré de 10 cm de côté, et un triangle équilatéral de 10 cm de côté. Ces formes sont découpées dans des cadres de bois.
- **Dans le premier tiroir :** une série de six cercles dont le diamètre décroît régulièrement de 10 à 5 cm.
- **Le deuxième tiroir :** un carré de 10 cm de côté et cinq rectangles de même longueur (10 cm), mais dont la hauteur du petit côté décroît de 5 à 1 cm.
- **Le troisième tiroir** : six triangles en tout, trois triangles isocèles différents (acutangle, rectangle, obtusangle) ainsi que trois triangles rectangles scalènes différents (acutangle, rectangle, obtusangle).
- **Le quatrième tiroir :** une série de six polygones, du pentagone au décagone.
- **Le cinquième tiroir :** une série de quatre figures curvilignes (ellipse, ovale, rosace, triangle curviligne).
- **Le sixième tiroir :** une série de quatre quadrilatères (parallélogramme, losange, triangle rectangle et triangle isocèle).

Dessins de formes

Ils appartiennent au matériel de langage. Il s'agit d'une étagère en bois composée de dix formes géométriques en métal et de leurs encastrements. Elle est associée à une série de onze pots à crayons. Chaque pot correspond à une couleur présentée avec le matériel des tablettes de couleur : rouge, jaune, bleu, vert, orange, violet, rose, marron, gris, blanc, noir ainsi que des feuilles blanches 14 x 14 cm (taille des encastrements), deux sous-main et un taille-crayon.

Le but principal de ce matériel est la préparation physique à l'écriture (tenue du crayon, travail de la pince, mouvement de l'écriture, contrôle volontaire des tracés, travail musculaire continu de la main et du poignet).

Emboîtements cylindriques en bois

Ils appartiennent au matériel sensoriel. Ils sont quatre et contiennent chacun dix cylindres emboîtés dans des cavités. Ces cavités correspondent parfaitement et exclusivement aux cylindres associés qui sont équipés d'un bouton de préhension. Le but principal de ce matériel est la discrimination visuelle des dimensions, le raffinement du mouvement volontaire, la préparation à l'écriture par la tenue du bouton de préhension (utilisation de la pince) et la préparation aux mathématiques.

- **Premier emboîtement :** dix cylindres de hauteur égale (5 cm), dont le diamètre décroît régulièrement, de 5 à 0,5 cm. Il introduit la notion de épais/fin.
- **Deuxième emboîtement :** dix cylindres dont la hauteur et le diamètre décroissent régulièrement de 5 à 0,5 cm. Il introduit la notion de grand/petit.
- **Troisième emboîtement :** dix cylindres dont la hauteur augmente régulièrement de 0,5 à 5 cm et dont le diamètre diminue régulièrement de 5 à 0,5 cm. Il introduit la notion de large/étroit.
- **Quatrième emboîtement :** dix cylindres de même diamètre mais dont la hauteur décroît régulièrement de 5 à 0,5 cm. Il introduit la notion de haut/bas.

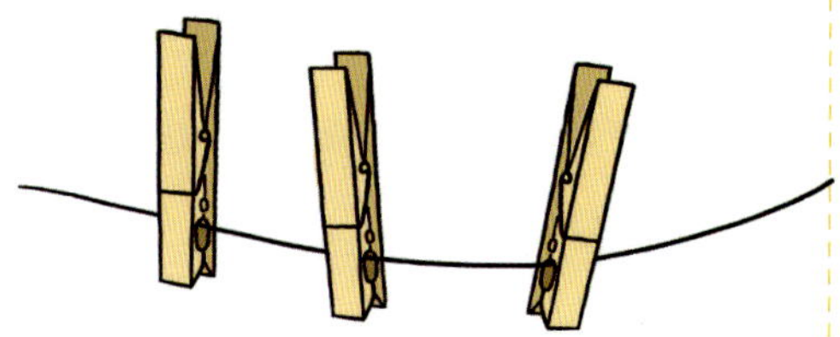

La leçon en 3 temps

La leçon est trois temps est une façon spécifique de présenter un mot nouveau à l'enfant. Son but est de « *provoquer l'association du nom avec l'objet ou avec l'idée abstraite que représente le nom* » (Maria Montessori). Pour ce faire, on associe tout d'abord le terme exact à la perception rencontrée (exemple : « c'est lisse » en touchant la partie lisse du matériel) et celui-ci est prononcé avec clarté plusieurs fois. Ensuite, après un petit moment de silence, on cherche à s'assurer que « *le nom reste associé à l'objet dans la conscience de l'enfant* » (Maria Montessori) en réutilisant distinctement le mot nouveau dans une question (qu'est-ce qui est lisse ?). Cette phase permet l'appropriation réelle du vocabulaire et c'est pourquoi il est important de poser plusieurs fois la question. Enfin le dernier temps fait appel à la mémoire et pour cette raison il a généralement lieu en différé (Comment est-ce ? En désignant la partie lisse du matériel).

La leçon de silence

C'est un exercice essentiel de la pédagogie Montessori. Elle est l'aboutissement d'un long travail de maîtrise de soi qui se prépare tout au long de l'année au travers de nombreuses activités de « vie pratique », de motricité et d'écoute (jeux de concentration auditive). C'est par hasard que Maria Montessori a découvert la leçon de silence. Entrant un jour en classe avec un bébé de quatre mois dans les bras qui se tenait parfaitement silencieux, elle défia gentiment les membres de sa classe d'arriver à obtenir un tel silence ! À sa grande surprise, elle « *entendit un silence impressionnant*[21] ». Par la suite et devant les demandes répétées des enfants à retrouver cet état, elle comprit que cette manifestation correspondait bien à un désir profond et décida de l'introduire dans sa pédagogie. Dès lors, la leçon de silence en devint un des piliers. Cet exercice demande à des enfants en pleine période sensible du mouvement une parfaite maîtrise psychique et motrice. C'est pourquoi on ne peut la proposer en début d'année. Il faut que l'enfant prenne conscience de lui-même et de « l'autre ». La leçon de silence est le résultat d'une expérience motrice et sensorielle à la fois individuelle et collective. Elle enrichit l'enfant, il apprend à canaliser son énergie, à ordonner ses mouvements, à devenir maître de ses actes[22].

Déroulement d'une leçon de silence : la leçon de silence se prépare tout au long de l'année. Au début, par petits groupes, puis elle s'étend progressivement à l'ensemble de la classe. Les enfants sont rassemblés et l'éducateur se tient à bonne distance du groupe. Totalement immobile, l'adulte introduit la leçon par un pictogramme ou une ardoise sur laquelle est inscrit le mot « silence ». Puis il appelle à voix très basse les enfants un par un par leurs prénoms. Le plus silencieusement possible les enfants viennent se placer face à l'adulte et essayent de rester immobiles jusqu'à ce que l'ensemble du groupe ait été appelé.

Nomenclature

Les nomenclatures font partie du matériel de langage. Elles ont pour but d'enrichir le vocabulaire, de susciter l'intérêt et aider l'enfant à mieux se repérer dans son environnement.

Les nomenclatures sont thématiques et se composent de deux séries d'images identiques. Dans un premier temps, l'enfant réalise des mises en paires puis, le moment venu, ne reste qu'une seule série à laquelle sont associés des tickets de lecture (nom de l'objet).

21. *L'Enfant,* Maria Montessori, Desclée de Brouwer, p. 14.
22. *La pédagogie scientifique*, Maria Montessori, Éditions Desclée de Brouwer, p. 76.

Papilo

Cette boîte en bois est associée au matériel sensoriel. Elle est composée de deux séries de 36 pièces. La première contenant des illustrations partielles de six papillons différents, la deuxième contenant des illustrations partielles de six plantes différentes (buddleia de David, aussi appelé arbre à papillons, lavande, tournesol...). Le but principal est de découvrir le cycle de la vie des papillons, de s'initier à la pollinisation (les papillons tout comme les abeilles transportent le pollen des fleurs et assurent ainsi la fécondation des fleurs d'arbres fruitiers), de développer son sens visuel et sa sensibilité chromatique.

Tablettes de couleur

Ce matériel appartient au matériel sensoriel. Il se décline en trois boîtes distinctes qui correspondent à une progression. Cette progression est donnée en exemple dans la partie matériel sensoriel de ce lexique. La première boîte contient 6 tablettes de couleur : deux bleues, deux rouges, deux jaunes, qui représentent les couleurs primaires. Ces tablettes portent à leurs extrémités une bordure blanche pour les manier sans empiéter sur la partie colorée. La deuxième boîte des tablettes de couleur est composée de 22 tablettes de couleur : deux bleues, deux rouges, deux jaunes, deux vertes, deux orange, deux violettes, deux marron, deux roses, deux grises, ainsi que deux blanches et deux noires. Ces tablettes portent à leurs extrémités une bordure blanche pour les manier sans empiéter sur la partie colorée. La troisième et dernière boîte des tablettes de couleur est divisée en neuf compartiments. Chaque compartiment contient des tablettes d'une même couleur. À chacune de ces couleurs correspondent sept gradations de différentes intensités. Cela fait donc 63 tablettes aux couleurs suivantes : bleu, rouge, jaune, verte, orange, violet, marron, rose, gris (du noir au blanc). Ces couleurs représentent les couleurs primaires, les couleurs secondaires et les couleurs complémentaires ainsi que le noir, le blanc et le gris. Elles portent également à leurs extrémités une bordure blanche pour les manier sans empiéter sur la partie colorée.
Le but principal de ce matériel est la discrimination visuelle des couleurs, le raffinement de la sensibilité chromatique et le raffinement du mouvement volontaire.

Trier des graines

Il s'agit d'un plateau contenant quatre coupelles appartenant au matériel sensoriel. Une coupelle vide et trois coupelles contenant respectivement des flageolets, des pois chiches, du maïs. Le but principal est le raffinement tactile.

Solides géométriques

Un panier en osier contient dix solides géométriques appartenant au matériel sensoriel : cube, boule, cylindre, cône, prisme rectangulaire, pyramide, pyramide à base triangulaire, prisme triangulaire à base rectangulaire, ellipsoïde, ovoïde. Associé à ce matériel, un autre panier contient un foulard (le sens stéréognostique est sollicité si l'on cache les formes sous le foulard) et des formes planes en bois (rectangle, carré, triangle équilatéral, triangle isocèle acutangle, cercle). Le but principal de ce matériel sensoriel est le raffinement du sens stéréognostique et l'approche des volumes.

Répertoire de traces

Ensemble d'empreintes réalisées dans le but d'expérimenter divers outils. Il permet d'adapter son geste aux techniques explorées et de prendre conscience de ses mouvements.

La poutre du temps

Elle est constituée d'une longue bande représentant une année entière. Cette bande est scindée en quatre périodes distinctes (les saisons). Chaque jour de l'année on colle une étiquette, un souvenir, une photo, un dessin... qui permettent de fixer le temps dans l'espace. Les anniversaires sont affichés dès le positionnement de la bande afin de mettre des repères. À la fin de l'année, on décroche la poutre et on la roule pour avoir une représentation sensorielle et concrète du nombre important de jours contenus dans une année.

Les points forts

Les points forts spécifiés pour chaque activité mettent en avant les compétences particulièrement sollicitées lors de sa réalisation.

Coordination oculo-manuelle : Désigne l'utilisation coordonnée des yeux, des bras, des poignets, des mains et des doigts dans des mouvements précis. Cette fonctionnalité est nécessaire dans toutes les activités de motricité fine (attraper, dessiner, écrire...).

Préhension : Désigne l'ensemble des fonctions permettant de réaliser l'acte volontaire de prendre, de saisir un objet. La préhension « fine » spécifie une prise réalisée au niveau du pouce et de l'index pour commencer, puis du pouce, de l'index et du majeur par la suite (prise tripode).

Motricité fine : Désigne l'ensemble des actions intentionnelles de la main qui impliquent des mouvements fins et précis. Elles sont rendues possibles par un meilleur contrôle musculaire des membres supérieurs (bras et mains) ainsi qu'une meilleure coordination de l'œil et de la main. Les activités de motricité fine permettent à l'enfant d'accéder à l'autonomie (s'habiller/se déshabiller, verser, utiliser de petits instruments...), d'intensifier les explorations sensorielles et les interactions avec l'environnement en général. Elles ont une incidence directe sur tous les autres domaines de compétences. De plus, par les manipulations continuelles qu'elles suscitent, les activités de motricité fine permettent d'établir la prédominance d'une main sur l'autre et préparent indirectement aux habiletés nécessaires à l'écriture.

Motricité globale : Désigne un ensemble de mouvements qui permettent de modifier la position ou le déplacement de son corps. Ces mouvements s'élaborent au cours de la croissance en fonction de deux processus interactifs : la maturation du système nerveux central et le développement cognitif.

Pince ou prise tripode : Désigne la position des trois doigts sollicités dans la tenue de l'outil scripteur (le crayon par exemple) : le pouce, l'index et le majeur. Le majeur sert de support.

Raffinement des sens : Désigne le développement des perceptions sensorielles par une approche graduelle des nuances.

Repères spatiaux : Désigne la capacité à se repérer dans l'environnement. L'enfant commence par construire ses repères en fonction de son propre corps puis en fonction de celui des autres et enfin en fonction des objets qui l'entourent. L'élaboration de ces repères passe par de multiples expériences sensorielles et motrices ainsi que la connaissance des indicateurs spatiaux (à l'intérieur/à l'extérieur, dedans/dehors, dessus/dessous...).

Repères temporels : Désigne la capacité à se repérer dans le temps. L'enfant commence à construire ses repères en fonction des événements de son quotidien, où la part d'affectivité est prépondérante. L'élaboration de ces repères passe par une organisation linéaire des activités les unes par rapport aux autres (je fais la sieste, je joue, je goûte et c'est l'heure des mamans). L'utilisation de rituels (effectuer les mêmes actions dans le même ordre) permet à l'enfant d'être actif, il peut anticiper, et de se rassurer. La mise en place d'une « poutre du temps » (voir la définition plus haut) lui offre une représentation concrète du temps qui passe et favorise l'intégration de la notion de succession, de durée et de période.

Les gabarits

Le raisin p. 26.

De l'ombre à la lumière p. 66.

Le vestiaire de Valentino p. 70.

Herbier sensoriel et herbier graphique p. 140 et p. 142.

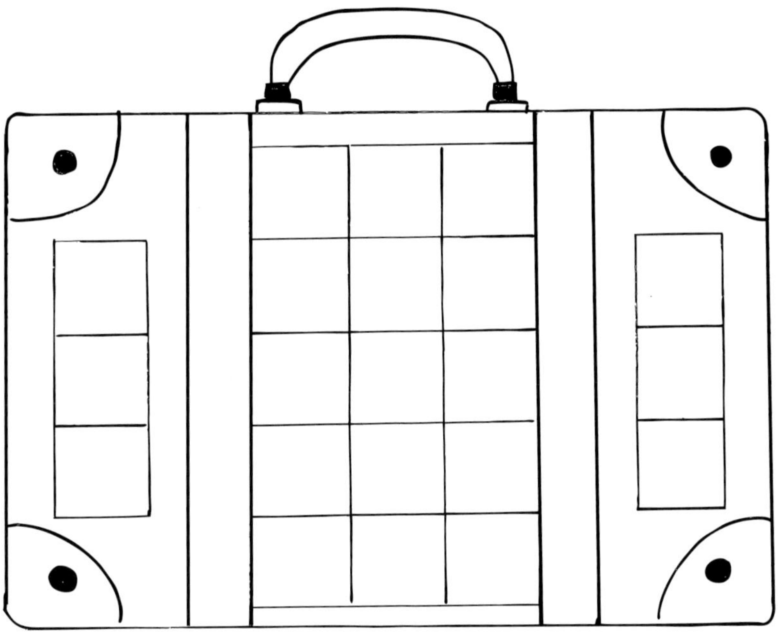

Bonne rentrée p. 160.

Ressources

PÉDAGOGIE MONTESSORI

- MONTESSORI M., *L'Enfant*, Desclée de Brouwer

Et si l'école tenait réellement compte du rythme de l'enfant... Maria Montessori nous livre l'organisation et la progression auxquelles elle a pensé pour les enfants de 0 à 6 ans.

- MONTESSORI M., *L'Esprit absorbant de l'enfant,* Desclée de Brouwer

Maria Montessori nous offre ici son dernier ouvrage et explique de façon claire et précise les phases de développement de l'enfant.

- MONTESSORI M., *La Pédagogie scientifique* (t. 1 : La Maison des enfants), Desclée de Brouwer

Un voyage au cœur de l'expérience fondatrice de la Maison des enfants et de la naissance de sa pédagogie.

- MONTESSORI M., *L'Enfant dans la famille,* Desclée de Brouwer

Un livre constitué par une série de conférences données en 1923. Il permet de décrypter les comportements de l'enfant afin d'éviter l'incompréhension de la part de l'adulte.

- MONTESSORI R., *Éducateurs sans frontières,* Desclée de Brouwer

La petite-fille de Maria Montessori souligne l'importance d'une éducation responsable fondée sur la liberté et la confiance en l'enfant.

- SPINELLI P., BENCHETRIT K., *Un autre regard sur l'enfant, de la naissance à six ans, Montessori pour les parents et les éducateurs,* Desclée de Brouwer

Observer pour comprendre... Comprendre pour mieux agir et favoriser le développement des potentialités de l'enfant.

- GUY C., BARRATT J., *L'Atelier,* Desclée de Brouwer.

Un atelier largement illustré pour s'initier à l'utilisation du matériel Montessori et accompagner l'enfant dans son cheminement.

CENTRE DE FORMATION

- L'institut supérieur Maria-Montessori.

L'ISMM est le seul centre de formation en France agréé par l'Association Montessori Internationale. À ce titre, il délivre le diplôme international d'éducateur, reconnu dans toutes les écoles Montessori du monde. Il est soumis à un contrôle pédagogique permanent.

Ses coordonnées :
1-5, rue Jean-Monnet,
94130 Nogent-sur-Marne
www.montessori-france.asso.fr

www.montessori-ami.org (Association Montessori Internationale, site en anglais)

MATÉRIEL

- www.oppa-montessori.net
  Matériel pédagogique pour tous jusqu'à l'adolescence.

- www.Nienhuis.com
  Matériel pédagogique professionnel Montessori. Ce fabricant de renommée mondiale propose tous les outils de la gamme Montessori. Il est agrée AMI.

DÉCOUVRIR MONTESSORI À LA MAISON

- PLACE M. H., FONTAINE-RIQUIER C., STANCIOFF F., *Balthazar et le temps qui passe,* Hatier.

- PLACE M. H., FONTAINE-RIQUIER C., STANCIOFF F., *Balthazar et les lettres à toucher,* Hatier.

- PLACE M. H., FONTAINE-RIQUIER C., STANCIOFF F., *Les Chiffres de Balthazar,* Hatier.

- PLACE M. H., FONTAINE-RIQUIER C., *Le Livre à compter de Balthazar,* Hatier.

DÉVELOPPEMENT COGNITIF ET AFFECTIF

- DEHAENE S., *Les Neurones de la lecture,* Odile Jacob.

- GUEGUEN C., *Pour une enfance heureuse,* Robert Laffont.

CONCENTRATION ET RELAXATION

- MALENFANT N., *Jeux de relaxation pour des enfants détendus et attentifs,* De Boeck CD audio.

- BRUNHOFF L., Babar, *Le Yoga des éléphants,* Hachette Jeunesse.

ÉVEIL ARTISTIQUE

Association Marie Jaëll : éveil musical
Pianiste virtuose et compositrice de talent, Marie Jaëll (1846-1925) avait pour but d'éveiller la main, de dissocier les doigts, d'affiner le sens du toucher pour « apprendre à chacun à réaliser la beauté avec un instrument », disait-elle. Elle a travaillé avec Maria Montessori et mis au point avec elle le matériel « des clochettes ». L'association Marie-Jaëll est un centre d'éveil musical pour les enfants et un centre de formation pour les adultes, à Paris.
www.mariejaell.asso.fr

Arno Stern : le jeu de peindre
Arno Stern enseigne depuis cinquante ans une méthode basée sur le développement et l'épanouissement des capacités créatrices de l'enfant. Il a conçu un lieu de vie spécifique pour peindre et entretenir sa spontanéité. Il propose des ateliers de peinture pour petits et grands ainsi qu'un centre de formation pour adultes, à Paris, mais aussi ailleurs en Europe.
www.arnostern.com

- STERN A., *Les Enfants du Closlieu, ou l'initiation au plus être,* Hommes et Groupes.

- STERN A., JACQUARD A., LINDBERGH P., *Heureux comme un enfant qui peint,* Le Rocher.

Akadêmia Joulia
Une approche vivante et dynamique de l'histoire de l'art (dès 2 ans).
www.akademia-Joulia.org

CUISINE

- HIGNARD L., PONTOPPIDAN A., *La Cuisine de la reine des prés,* Actes Sud Junior.

- HIGNARD L., PONTOPPIDAN A., *La Cuisine de Robin des bois,* Actes Sud Junior.

- ALBAULT C., GUILLEREYA., *Douceurs d'ici, saveurs d'ailleurs,* Actes Sud Junior
31 desserts européens à réaliser avec votre enfant.

Remerciements

Je tiens à remercier vivement toutes les personnes qui ont contribué de près ou de loin à la réalisation de ce livre.

D'une manière générale, à toutes celles qui au cours d'une vie vous inspirent, vous encouragent, portent sur vous ce regard bienveillant qui vous invite à devenir vous-même.

D'une manière plus particulière, à Anita Verger, éducatrice auprès des jeunes enfants, pour le partage de ses innombrables connaissances et son généreux soutien, à Emmanuelle Lacotte éducatrice passionnée et merveilleuse amie, à Agnès Fontaine, mon éditrice, pour la confiance qu'elle m'a témoignée, à Anne Cocard, ma relectrice, pour ses précieux conseils et sa bonne humeur communicative, à Emmanuelle Rochas, fabricante, pour sa collaboration et son sens artistique, à Pauline Bardin pour m'avoir accompagnée avec patience et pertinence, à Mélisande Luthringer pour la fraîcheur et la gaité de ses illustrations ainsi qu'à Julie Charvet, précieuse maquettiste, qui a su rendre compatible… l'incompatibilité ; aux parents, indispensables partenaires dont l'enthousiasme et la confiance me remplissent de joie. Enfin, aux enfants que j'ai le privilège d'accompagner jour après jour dans cette période fondamentale de la petite enfance.

DANS LA MÊME COLLECTION

Annie Byache
Nathalie Maeght-Carpentier
Ateliers éducatifs
pour dessiner les
contes
à la maison
Dès 2 ans
EYROLLES

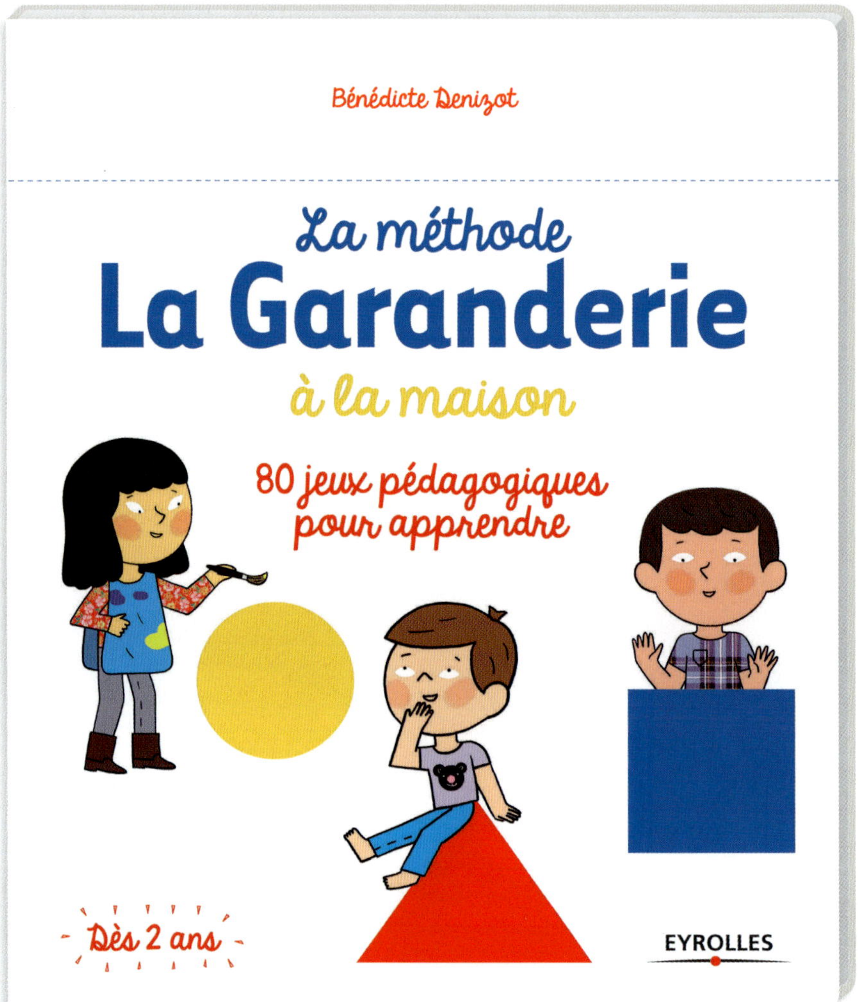
Bénédicte Denizot
La méthode
La Garanderie
à la maison
80 jeux pédagogiques
pour apprendre
Dès 2 ans
EYROLLES

CHEZ LE MÊME ÉDITEUR

Dépôt légal : septembre 2016
Imprimé en Chine